KB218455

빼앗긴 사람
잃어버린 사람

# 빼앗긴 사람, 잃어버린 사람

초판 1쇄 발행 | 2020년 04월 25일

지은이 | 전종문
만든이 | 이한나
펴낸이 | 이영규
펴낸곳 | 도서출판 그린아이

등록 연월일 | 2003. 12. 02.
등록 번호 | 제2-3893호
주소 | 서울특별시 은평구 녹번로 6-11 201호
전화 | 02)355-3035
이메일 | gmh2269@hanmail.net

ISBN 978-89-958105-4-5(03230)

# 빼앗긴 사람
# 잃어버린 사람

전종문 지음

그린아이

내게만 특별하게 주어진 소중한 것을 나의 부주의로 인해 잃어버린다거나 남에게 빼앗긴다는 것은 안타까운 일이다. 부끄러운 일이다. 우리 속담에 "자기 밥도 못 찾아 먹는다."는 말이 있다. 역시 자기에게 주어진 소중한 그 무엇을 잃어버렸을 때 어리석다는 뜻에서 만들어진 말이다. 그렇다. 우리는 내게 주어진 소중한 것을 아낄 줄 알아야 한다. 그것을 잃어버리거나 빼앗기지 않으려고 소중히 보관하고 간수해야 한다.

성경에 의하면 자기에게 주어진 특권을 잃어버리고 나서 나중에 후회하고 가슴 아파한 사람들의 이야기가 있다. 그들은 그일 때문에 자신은 물론이지만 후손들에게 부끄러움과 안타까움과 고통을 주었다. 우리는 저들의 경솔함과 소홀히 여김을 가볍게 여겨서는 안 될 것이며 오히려 반면교사反面教師로 삼아야 할 것이다. 우리도 언젠가 그런 일이나 기회를 놓치고 땅을 치며 가슴 아파할 수 있기 때문이다.

최초의 인간 아담과 하와는 뱀의 유혹에 빠져 에덴동산에서 쫓겨났다. 그 사건은 자신들에게는 물론, 이후의 모든 후손에게 불행과 죽음을 초래했다.

이삭의 아들 에서는 팥죽 한 그릇 때문에 장자의 명분을 쌍둥이 동생인 야곱에게 빼앗겼다. 경솔함 때문이었다.

야곱의 장자 르우벤은 서모인 빌하와 간통함으로 장자의 지위를 빼앗겼다. 순간적인 정욕을 다스리지 못한 결과였다.

엘리 제사장은 자신의 두 아들인 홉니와 비느하스를 바르게 양육하지 못하고 불량자로 키운 잘못 때문에 하나님의 징계의 일환으로 침략해온 블레셋에게 하나님의 임재의 상징이었던 법궤를 빼앗기는 국가적 수모를 당했을 뿐 아니라 자기 일족의 멸망을 초래했다.

이스라엘의 초대 왕 사울은 블레셋 사람들과의 길보아 전투에서 패하여 자살했다. 그의 왕위는 다윗에게로 넘어갔다. 탐욕과 시기와 불순종이 그를 부끄러운 인간으로 만들었다.

분열 왕국 남유다의 제10대 왕 웃시야는 하나님의 기이한 도우심으로 강성한 나라를 이루었지만 후에 질서를 어기고 직접 성전에서 하나님께 분향까지 하려는 교만으로 나병을 얻어 아들 요담에게 양위한 다음 나머지 생애를 별궁에서 살아야 했다.

시드기야 왕은 B.C. 586년에 분열왕국 유다를 통째로 바벨론의 느부갓네살 왕에게 빼앗겼다. 한 나라의 명운이 그렇게 무너졌다.

가룟인 유다는 예수님의 선택받은 열두 제자 중의 하나라는 영예를 얻었지만 자기 스승을 은 30에 팔았다. 그는 후에 자책하고 목을 매 자살함으로 배신자의 말로가 어떻다는 것을 보여주었다. 오고 오는 모든 시대에 부끄러움을 남긴 것이다.

나는 여기서 이 사람들의 과오나 실수, 그리고 죄악상을 조금은 자세하게 파헤쳐 보려 한다. 저들의 잘못을 경계로 삼아 우리도 이와 비슷한 상황에 빠지지 않기 위해서이다.

현명한 사람은 누군가의 위대한 행적을 통해서도, 어리석은 행동을 통해서도 배움을 얻는다. 지혜로운 사람은 자기에게 주어진 명예나 권세나 영적인 재산을 잘 간수하여 이롭게 사용한다. 그러나 어리석은 사람은 소중하게 주어진 것을 소홀히 여겨 빼앗기거나 잃어버려 비웃음을 당한다. 귀한 것을 소중히 여기지 못하는 가치관 때문에 어리석은 자가 되고 가문이나 이웃 그리고 역사에 누를 끼치는 것이다. 특히 우리는 절제하지 못하고 해이하며 남용하는 것에서 오는 부도덕과 폐해를 언제나 인식하며 살아야 할 것이다.

# 차례

머리말 … 4

1장 에덴동산에서 쫓겨난 아담과 하와 … 8

2장 장자長子의 축복을 빼앗긴 에서 … 30

3장 장자長子의 자리를 박탈당한 르우벤 … 52

4장 법궤를 빼앗긴 엘리 제사장 … 74

5장 왕위를 잃은 사울 … 92

6장 왕위를 내려놓은 웃시야 … 112

7장 나라를 빼앗긴 시드기야 … 122

8장 사도직을 버린 가룟 유다 … 144

## 아담과 하와 – **유혹**

최초의 인간 아담과 하와는 뱀의 유혹에 빠져
에덴동산에서 쫓겨났다.
그 사건은 자신들에게는 물론,
이후의 모든 후손에게 불행과 죽음을 초래했다.

# 에덴동산에서
## 쫓겨난
## 아담과 하와

 창세기 3장엔 인류 역사상 가장 슬픈 이야기가
기록되어 있다. 하나님이 만든 아름다운 에덴동산에 뱀이
찾아와 첫 사람 아담과 하와를 유혹하고, 결국 그들을 실
패케 만들었다는 이야기이다. 그런데 그들의 실패가 오직
자신들만의 실패가 아니라, 그들을 통해 태어나는 모든
인류에게 미친다는 데서 가장 슬픈 이야기가 된다.

  도대체 행복한 에덴동산에 찾아온 뱀의 정체는 무엇인
가. 만물의 창조주이신 하나님은 선하신 분인데 그분이
뱀의 마음에 사악함을 집어넣었을 리는 없고, 그렇다면

그 사악함은 어디에서 왔을까. 타락한 천사의 하나님에 대한 적대적인 행위라는 설이 있지만(사14:12-15 참고) 규명하기 어려운 부분이다.

아무튼 하나님의 형상으로 지음을 받은, 죄를 모르는 아담과 하와에게 접근한 뱀은 사악하고 간교한 존재였다. 그는 인류를 파멸시키기 위하여 하와를 찾아와서 말을 걸었다. 이 대화에서 하와는 무너졌다. 일단 여기서 그들의 대화와, 아담과 하와가 무너져 내렸던 내용에 대하여 살펴보자.

태초에 하나님은 흙으로 사람을 지으시고 생기를 그 코에 불어넣어 생령이 되게 하셨다. 그가 이른바 첫 사람 아담이다. 하나님은 동방에 에덴동산을 창설하시고 아담을 그곳으로 이끌어 살게 하셨다.

에덴동산은 풍요로운 곳이었고 사람이 살기에 전혀 부족함이 없는 곳이었다. 보기에 아름답고 먹기에 좋은 열매를 맺는 나무들이 있었고, 특별히 동산 중앙에 생명나무와 선악을 알게 하는 나무를 두었다.

하나님은 아담에게 에덴동산을 경작하며 지키게 하고, 단 하나의 금지 명령을 내렸으니 다음과 같다. "동산 각종 나무의 열매는 네가 임의로 먹되 선악을 알게 하는 나무의 열매는 먹지 말라. 네가 먹는 날에는 반드시 죽으리라."(창 2:16-17) 그렇다면 선악과는 하나님 자신의 권위를 상징하는 것이었다.

그러나 아담이 아무리 아름답고 부족함 없는 에덴동산에 살고 있을지라도, 혼자 사는 것이 하나님께서 보시기에는 좋게 여겨지지 않았다. 그래서 그를 위하여 돕는 배필을 만들어 주었다. 하나님은 아담을 깊이 잠들게 한 후에 그의 갈빗대 하나를 취하여 여자를 만들었다. 그가 곧 하와이다.

이 여자, 하와를 꾀어 넘어지게 만든 것이 뱀이다. 뱀은 간교했다. 뱀은 하와가 아담과 함께하지 않은 사이에 하와를 찾아가 유혹의 대화를 시작하였다. "하나님이 참으로 너희에게 동산 모든 나무의 열매를 먹지 말라 하시더냐?" 하와는 대답했다. "동산 나무의 열매를 우리가 먹을 수 있으나 동산 중앙에 있는 나무의 열매는 하나님의 말씀에 너희는 먹지도 말고 만지지도 말라. 너희가 죽을까 하노라 하셨느니라."

하와의 이 대답에 뱀은 "너희가 결코 죽지 아니하리라." 하고 미끼를 던졌다. "너희가 그것을 먹는 날에는 너희 눈이 밝아져 하나님과 같이 되어 선악을 알 줄 하나님이 아심이니라." 이 말을 듣고 하와가 유혹받은 눈으로 선악과를 본즉 먹음직도 하고 보암직도 하고 지혜롭게 할 만큼 탐스럽기도 했다. 결국 하와는 그 열매를 따먹고 남편에게도 주었다. 남편도 먹었다.

이후 아담과 하와에게 변화가 왔다. 눈이 밝아져 자기들이 벗은 줄을 알고 무화과나무 잎을 엮어 치마를 삼았다. 그리고 여호와의 낯을 피하여 동산 나무 사이로 피했다. 여호와 하나님이 아담을 부르시고 물었다. "네가 어디 있느냐?" 이에 아담은 "내가 동산에서 하나님의 소리를

듣고 내가 벗었으므로 두려워하여 숨었나이다."라고 대답
했다.

이런 아담에게 하나님은 조용히 책망하셨다. "누가 너
의 벗었음을 네게 알렸느냐? 내가 네게 먹지 말라 말한 그
나무 열매를 네가 먹었느냐?" 이에 대하여 아담은 "하나
님이 주셔서 나와 함께 있게 하신 여자, 그가 그 나무 열매
를 내게 주므로 내가 먹었나이다."라고 대답했다. 자신이
선악과를 먹은 것은 하와의 권유 때문이었다고 책임을 하
와에게 전가한 것이다.

하나님께서 다시 하와에게 "네가 어찌하여 이렇게 하였
느냐?"라고 물었을 때, 하와 또한 "뱀이 나를 꾀므로 내가
먹었나이다."라고 책임을 뱀에게 돌렸다.

이처럼 자신의 잘못을 솔직하게 고백하지 않고 남의 탓
으로 돌리며 핑계를 대는 그들에게 하나님은 징벌을 내렸
다. 그렇다. 하나님의 말씀과 뜻을 거역하는 생각이나 행
동은 죄다. 그리고 죄에는 반드시 상응하는 벌이나 저주

가 따르기 마련이다.

뱀은 모든 가축과 들의 모든 짐승보다 더욱 저주를 받아 배로 기어다니고 살아 있는 동안 흙을 먹을 것이라 했다. 그리고 너로 여자와 원수가 되게 하고 네 후손도 여자의 후손과 원수가 되게 하리니 여자의 후손은 네 머리를 상하게 할 것이요, 너는 그의 발꿈치를 상하게 할 것이라 했다.

하와에게는 임신하는 고통과 수고하고 자식을 낳는 고난을 벌로 주었다. 또한 너는 남편을 원하고 남편은 너를 다스릴 것이라고 징계했다.

아담에게는 네 불순종으로 땅이 너로 말미암아 저주를 받고 너는 평생 수고하여야 소산을 먹을 수 있을 것이며 저주 받은 땅은 네게 가시덤불과 엉겅퀴를 낼 것이라 했다. 그리고 너는 흙으로 돌아갈 때까지 얼굴에 땀을 흘려야 먹을 것을 먹으며 결국 흙으로 돌아가게 될 것을 말씀하셨다.

그리고 아담과 하와는 에덴동산에서 쫓겨났다. 이후 그들은 아름다웠고 풍요로워 부족함이 없었던 에덴동산에서 나와 자신의 근본인 땅을 갈아 먹고 살게 되었으며, 결국은 수명이 있어 육신이 흙으로 돌아가는 죽음을 맞게 되었다.

우리는 인류의 가장 비참한 내용을 기록한 창세기 3장에서 인류의 조상 아담과 하와의 타락상을 몇 가지로 분석할 필요가 있다.

첫째로 세상에는 우리의 타락을 유도하는 요소가 있다는 사실이다. 창조 세계의 처음인 에덴동산에도 뱀이 있었다. 이후에는 말해서 뭣 하랴. 뱀은 속이는 자요, 유혹하는 자요, 거짓의 아비인 사탄이다(요 8:44).

그는 간교하고 사악하다. 사람을 유혹할 때 그 대상으로 아담이 아닌 하와를 택하였다. "동산 각종 나무의 열매를 네가 임의로 먹되 선악을 알게 하는 나무의 열매는 먹지 말라. 네가 먹는 날에는 반드시 죽으리라." 하신 하나님의 명령을 직접 받은 당사자가 아니었기 때문이었다. 하나님은 그 명령을 아담에게 주었고, 하와는 아담으로부터 간접적으로 들었다. 그러므로 직접 명령을 받은 아담보다 하와의 마음가짐이 허술했을 것이다.

　뱀은 이 약점을 알기에 하와가 홀로 있는 시간을 찾았을 것이고, "하나님이 참으로 너희에게 동산 모든 나무의 열매를 먹지 말라고 하시더냐?"라고 물었다. 그는 교활하게도 동산 중앙에 있는 선악을 알게 하는 나무의 열매를 먹지 말라고 하시더냐고 묻지 않았다. 그러면 "그렇다" 하고 대답하여 대화를 끝낼 수도 있었을 것이다. 그러나 뱀은 "아니다"라는 부정의 대답을 요구하며 긴 대화로 이끌었다. 여기에서 하와는 넘어진 것이다.

　하와의 대답을 잘 관찰해 보자. "동산 나무의 열매를 우리가 먹을 수 있으나 동산 중앙에 있는 열매는 하나님의 말씀에 먹지도 말고 만지지도 말라. 너희가 죽을까 하노라."라고 대답한 하와의 말과, 하나님께서 아담에게 주신 말씀인 "동산 모든 나무의 열매는 네가 임의로 먹되 선악을 알게 하는 나무의 열매는 먹지 말라. 네가 먹는 날에는 반드시 죽으리라." 하신 말씀을 비교해 보라. 하나님은 선악을 알게 하는 나무의 열매를 먹지 말라고 하셨을 뿐이다. 만지지 말라고 하신 일이 없다. 하와는 자기 생각대로 만지지 말라는 말을 덧붙인 것이다.

또한 하나님께서는 "네가 먹는 날에는 반드시 죽으리라."고 하셨지 "죽을까 하노라."라고 하시지 않았다. 하와는 이러한 하나님 말씀의 농도를 제 마음대로 약화시켰다. "반드시 죽는다"는 말씀과 "죽을까 하노라"라는 말은 다르다. "죽을까 하노라"는 죽지 않을 수도 있다는 뜻이 아닌가. 그러므로 성경은 하나님의 말씀을 인위적으로 가감하지 말라고 경고하고 있다(신 4:2, 12:32, 계 22:18-19 참고).

우리의 대화 대상은 하나님이다. 마귀일 수 없다. 마귀는 속이는 자다. 거짓의 아비다(요 8:44). 뱀은 선악과를 먹을지라도 결코 죽지 아니할 것이라 했다(창 3:4). 하나님은 반드시 죽는다고 했는데, 뱀은 결코 죽지 않는다고 했다.

누구의 말을 믿어야 하는가. 그러면서 뱀은 인간에게 있는 욕심을 자극했다. 선악과를 먹을지라도 죽지 않을 뿐더러 너희의 눈이 밝아 하나님과 같이 되어 선악을 알 줄 하나님이 아신다고 했다. 하나님을 은근히 악한 분으로 묘사하면서 너희도 하나님이 될 수 있다고 부추기고 있다. 과연 피조물 인간이 창조주 하나님과 같이 될 수 있을까.

하와는 뱀의 유혹을 이겨낼 수 있는 어떤 자세를 갖추고 있지 않았다. 뱀의 유혹을 방어할 어떤 기재를 가지고 있지 않았다. 허망하게 유혹에 넘어갔고, 유혹에 넘어져서 선악을 알게 하는 나무의 열매를 보았을 때 이전과는 다르게 보였다.

유혹받기 전에야 그 열매를 자세히 바라보기라도 했겠는가. 그러나 유혹을 받고 바라보니 먹음직도 하고 보암직도 하고 지혜롭게 할 만큼 탐스럽기도 했다. 그래서 따먹었다. 그리고 남편에게도 주어 먹게 하였다. 만약 뱀이 아담을 유혹했더라면 아담은 넘어가지 않았을 수도 있다.

먹지 말라는 경고를 하나님으로부터 직접 받은 당사자였기 때문이다.

여기서 엉뚱한 생각을 한 번 해보자. 아담은 왜 아내가 주는 선악과를 먹었을까. 먹어도 죽지 않는다는 뱀의 말을 믿어서였을까. 여러분이 에덴동산에 있는 아담이라고 가정할 때, 아내인 하와가 먼저 선악과를 먹은 뒤에 이를 건네며 먹으라고 한다면 거절할 수 있겠는가.

아담이 아무 생각 없이 선악과를 먹었을 리 없다. 이미 선악과를 먹은 아내는 이제 죽을 것이다. 그러나 선악과를 먹지 않은 자신은 영원히 살게 된다. 아내 없이 영원히 혼자 사는 것이 과연 행복일까. 그것은 차라리 저주일 수 있다. 그래서 같이 죽는 길을 택하지 않았을까. 이것은 엉터리없는 필자의 상상일 뿐이다.

그러나 사랑이라는 이 땅의 괴물은, 때론 두 남녀가 "사랑하기 때문에 같이 죽는다"는 유서를 남기고 함께 죽는 일도 연출하게 하고 있다. 그래서일까, 성경엔 사랑이 죽음같이 강하다는 말씀도 있다(아 8:6).

두 번째로 생각해볼 것은 선악을 알게 하는 나무의 열매를 먹은 이후의 아담과 하와의 태도에 관한 것이다. 선악과를 먹은 즉시 저들, 곧 아담과 하와는 육신의 눈이 밝아졌다. 이것은 영적인 눈이 어두워지면서 일어난 현상이었다. 그들은 비로소 자기들이 벗은 줄을 알았다. 그래서 무화과나무 잎으로 치부를 가렸다. 그리고 동산의 나무 뒤로 숨었다. 이것은 죄가 그들에게 들어오자 나타난 현상이었다.

그렇다. 죄는 그 지은 사람에게 일차적으로 수치심과 불안을 가져다준다. 하나님은 불안에 떠는 아담과 하와를 찾아왔다. 그리고 물으셨다. "아담아, 네가 어디 있느냐?" 이에 대한 아담의 대답은 "내가 동산에서 하나님의 소리를 듣고 내가 벗었으므로 두려워 숨었나이다."였다. 그는 "잘못했습니다."라고 말하지 못했다. 기피하려고만 했다. 왜 죄를 짓기 전에는 다정하게 들리던 하나님의 음성이 이렇게 두려운 음성으로 들렸을까.

하나님께서 아담이 어디에 있는지 몰라서 네가 어디 있느냐고 물었겠는가. 범죄한 그의 마음 상태를 물었을 것이다. 그때 그는 잘못을 고백하는 회개를 했어야 했다. 그러나 죄는 그를 어리석게 만들어 갔다. 숨고 피하고 우선 책망을 벗어나려고만 했다.

그러나 사람이 어찌 하나님의 불꽃 같은 눈을 피할 수 있으며, 그런 임시방편으로 문제를 근본적으로 해결할 수 있겠는가. 오히려 아담은 젖먹이 아이가 제 엄마의 꾸중을 들으면 더욱 그 가슴으로 안기듯이 하나님 앞으로 다가갔어야 했다. 죄는 그 지은 사람을 어리석고 비겁한 사람으로 만든다는 것을 우리는 유념해야 한다.

그 다음에 일어나 그들의 태도를 보자. 하나님께서 아담에게 물었다. "누가 너의 벗었음을 네게 알렸느냐. 내가 네게 먹지 말라 명한 그 나무 열매를 네가 먹었느냐?" 이에 대하여 아담은 "하나님이 주셔서 나와 함께 있게 하신 여자, 그가 그 나무 열매를 내게 주므로 내가 먹었나이다."라고 했다.

아담의 이 대답을 분석해 보자. 내 잘못보다 하와의 잘못을 더욱 부각시키고 있지 않은가. 핑계를 대고 있다. 더구나 그 여자는 하나님이 내게 주신 여자라 했다. 그렇다면 그 여자를 내게 주신 하나님에게도 일말의 책임이 있지 않느냐는 호소가 들어 있다.

처음 하와를 만들어 자기에게 이끌어 왔을 때 "이는 내 뼈 중의 뼈요, 살 중의 살이라."고 기뻐했던 아담이 이제는 그 여자를 원망하고 그 책임의 일부를 하나님께까지 돌리고 있다.

그렇다면 하와의 태도는 어떤가. 왜 선악과를 먹었느냐고 하나님께서 물었을 때 여자는 뱀이 나를 꾀어서 먹었노라고 대답했다.

누가 뱀의 꾐이 있었다는 것을 모르는가. 우리는 누가 악한 길로 꾀면 그 꾐에 빠져들어야 하는가. 하나님께서는 다 알고 물으신 것이다. 그럼에도 하와는 잘못을 고백하지 않고 뱀 때문이라고 핑계를 댔다. 그렇다면 하와도 에덴동산에 뱀이 출몰하도록 둔 하나님께 조금의 책임이 있다고 보는 게 아니겠는가. 이런 태도로 인해 아담과 하와는 하나님께 용서받을 수 있는 기회를 놓쳐버렸다고 할 수 있다.

셋째로, 그렇다면 책임을 회피하며 자신들의 잘못을 순간적으로 모면하려 했던 아담과 하와에게 하나님은 어떤 조치를 취하셨는가를 살펴봐야 한다. 뱀은 물론이요, 그들에게는 당연히 벌이 주어졌다.

뱀에게는 모든 가축과 들의 모든 짐승보다 더욱 저주를 받아 배로 다니고 살아 있는 동안 흙을 먹을 것이라고 했다. 물론 뱀이 흙을 먹는 것은 아니다. 그러나 뱀은 그 무엇보다 흙과 접촉을 많이 한다. 이것은 뱀이 비천함에 빠졌다는 의미가 된다. 실로 뱀은 우리에게 혐오감을 주며 비천한 존재가 되었다.

여자에게는 임신하는 고통을 크게 더하리니 네가 수고하고 자식을 낳을 것이며 너는 남편을 원하고 남편은 너를 다스릴 것이라 했다. 성경은 남자와 여자가 인격적으로 동등하지만 남편을 아내의 머리로 표현하고 질서상 아내는 남편에게 복종하라고 가르친다(엡 5:22-23). 성경은 여자의 탄생이 남자보다 늦으며, 그것도 하와가 아담에게서 나왔다는 사실과 하와가 아담보다 먼저 범죄에 참여한 사실을 부각시키고 있다.

아담에게는 너 때문에 땅도 저주를 받게 되었음을 드러내고(창 3:17) 평생 수고하여야 그 소산을 먹을 것이라 했다. 흙으로 돌아갈 때까지 얼굴에 땀을 흘려야 먹을 것이라 했다. 이는 아담의 노동이, 타락하기 전에는 즐거운 노동이었지만 이후에는 고통스런 노동이 될 것이라는 징벌을 말한다.

그리고 아담과 하와는 공히 흙으로 지음을 받았으니, 결국에는 흙으로 돌아가는 죽음의 길에서 벗어날 수 없음을 선언하셨다.

그러나 아담과 하와의 범죄에 대한 하나님의 저주와 징

벌을 조금 더 심도 있게 살펴보면, 과연 하나님은 진노 중에도 긍휼을 베푸시는 분임을 알 수 있다(합 3:2).

먼저 하나님은 아담과 하와에게 손수 가죽옷을 지어 입혀 수치를 가리도록 하셨다(창 3:21). 이는 아담과 하와가 스스로 수치를 가리기 위하여 치마를 만들어 입은 무화과나무 잎이 항구적인 방편이 될 수 없음에 대한 하나님의 배려로, 장차 죄인들의 수치를 항구적으로 가려주실 것을 예표하고 있다. 물론 이는 예수 그리스도를 통해서이다. 허물의 사함을 받고 자신의 죄가 가려진 자는 복이 있다(시 32:1).

그렇다면 이제 아담과 하와에게 진노 중에도 긍휼을 베푸신 하나님의 사랑을 구체적으로 살펴보자.

하와에게 해산의 고통을 주었다. 그러나 아기를 낳을 수 있도록 했다. 이는 죄에 대한 징계를 내릴망정 후손을 이어가는 것을 막지 않은 배려이다. 아담에게 땀 흘리는 수고를 해서 먹도록 했다. 역시 수고는 할망정 먹음으로 생명을 이어갈 수 있는 길은 열어주신 것이다. 다시 말하면 인류가 범죄에 대한 벌은 받지만 문화생활을 하며 살도록 배려를 한 것이다. 과연 하나님은 공의로우시며 자비하신 분이시다.

그 타락한 인간에게 긍휼하심을 나타낸 것은 원시복음原始福音에서 뚜렷하게 나타난다. 편의상 창세기 3장 15절을 원시복음이라 부른다.

하나님은 아담과 하와를 넘어트린 뱀에게 저주하는 차원에서 "내가 너로 여자와 원수가 되게 하고 네 후손도 여자의 후손과 원수가 되게 하리니 여자의 후손은 네 머리를 상하게 할 것이요, 너는 그의 발꿈치를 상하게 할 것이니라."라고 하셨다.

이는 장차 여자의 후손인 예수 그리스도와 뱀의 상징인 사탄이 원수가 될 것인데, 여자의 후손을 통하여 마귀는 머리가 상하게 될 것이며 사탄은 여자의 후손의 발꿈치를 상하게 할 것임을 말씀한 것이다. 다시 말하면 장차 예수 그리스도를 통해서 사탄은 치명상을 입고, 그리스도는 사탄에게 발꿈치가 상하게 되는 경미한 고통을 당할 것이라는 예언이다.

그렇다. 예수 그리스도는 마귀의 일을 멸하려 이 땅에 오셨다(요1 3:8). 이 일은 궁극적으로 골고다 언덕에서 이루어졌다. 마귀는 예수님을 십자가에 못 박았다. 그러나 예수 그리스도는 죽은 지 3일 만에 부활하여 마귀에게 치명상을 안겨주고 승리했다.

과연 하나님은 사랑이시다. 첫 사람 아담의 범죄로 모든 사람이 함께 범죄하여 죽었지만, 마지막 아담(고전 15:45)이신 그리스도를 보내심으로 구원을 이루셨다. 이를 성경은 "아담 안에서 모든 사람이 죽은 것같이 그리스도 안에서 모든 사람이 삶을 얻으리라."고 증언하고 있다(고전 15:22).

이는 예수 그리스도의 죽으심과 부활로 성취되고, 이 부활은 잠자는 자들의 첫 열매로 장차 예수 그리스도의 재림의 날에 그를 믿고 그에게 붙어 있는 모든 사람이 생명의 부활로 나옴으로 완전히 성취될 것이다. 우리는 그때에 영원한 천국에서 생명나무의 열매를 먹으며 영생할 것이다.

그렇다. 하나님의 첫 사람이 하나님의 지엄한 명령을 어기고 에덴동산을 잃었다. 그것은 자신뿐 아니라 그의 모든 후손에게 죽음을 가져왔다. 안타까운 일이었지만 하나님의 사랑은 새 하늘과 새 땅의 소망을 포기치 않게 했다. 그 소망은 예수 그리스도를 통한 믿음으로 의롭게 되는 은혜 안에서 이루어지는 것이다.

## 에서 - **경솔**

이삭의 아들 에서는 팥죽 한 그릇 때문에
장자의 명분을 쌍둥이 동생인 야곱에게 빼앗겼다.
경솔함 때문이었다.

2장

장자長子의 축복을
빼앗긴
에서

에서는 이삭의 아들이다. 어머니 리브가를 통해서 야곱과 쌍둥이로 태어난 형이다. 그는 족장시대에 형으로 태어났기 때문에 영적으로나 현실적으로나 큰 복을 받을 수 있는 자격이 있었다. 영적으로는 메시아를 탄생시킬 수 있는 가문이 되고, 현실적으로는 아버지 가문의 지도권과 아버지의 유산을 동생보다 곱절로 받을 수 있었다. 그러나 그는 그것을 동생인 야곱에게 빼앗겼다. 왜 그랬을까.

먼저는 하나님의 섭리였다. 그러나 성경은 에서 자신의

망령된 행동에 대해서 신랄하게 비난하고 있다. 그뿐 아니라 자세히 들여다보면 그들 형제가 자란 가정환경도 도마 위에 올려놓고 있다. 다시 말하면 에서와 야곱이 갈등할 수밖에 없는 환경이었다는 것이다.

이삭은 믿음의 조상인 아브라함이 100세에 낳은 아들이다. 아브라함이 갈데아 우르에서 하나님의 명령에 순종하여 고향을 떠날 때 그의 나이가 75세였으니, 네 후손이 하늘의 별처럼 바닷가의 모래알처럼 번성할 것이라는 약속을 받고 무려 25년이란 세월이 흐른 뒤였다.

그동안 약속의 자손이 태어나지 않자 아브라함 부부는 얼마나 갈등이 많았던가. 자기 집에서 기른 다메섹 사람 엘리에셀을 상속자로 삼을까도 생각했고(창 15:2-3), 심지어는 부인 사라의 몸종이었던 애굽 여인 하갈을 통하여 이스마엘을 낳기도 하였다.

그러나 그 모든 생각이나 행동은 하나님의 뜻도, 약속도 아니었다. 무능한 인간이 인위적으로 이룬 것이며, 기대대로 이루어지지 않을 때 흔히 사용하고자 하는 차선책에 불과했다. 하나님의 약속은 틀림없어서 아브라함이 100세, 사라가 90세에 이르자 약속의 자식을 태어나게 하셨다. 그가 이삭이었다(창 21:1-3). 그렇다. 사람이 태어나는 것은 우연이나 사람의 수단으로가 아니라 오직 하나님의 주권적인 뜻에서 이루어진다. 그리고 하나님은 전능하시다.

그 후 이삭이 37세 때, 그러니까 아브라함이 137세 때에 어머니 사라가 127세의 나이로 죽었다. 아브라함은 헷 족속 에브론의 밭과 막벨라 굴을 은 400세겔을 주고 사서 사라를 장사지냈다(창 23:19).

그리고 사라가 죽은 지 3년이 지나 이삭의 나이 40이 되자, 아브라함은 이삭을 위하여 자부子婦를 구하게 된다. 순수한 신앙과 혈통을 지키기 위하여 당시 자기들이 살고 있는 가나안 족속의 딸 중에서 구하지 말라고 했다. 그리고 자기 집의 충성스런 늙은 종을 자기 고향인 하란으로 보냈다. 거기서 아브라함의 늙은 종은 지혜롭고 재치있으며 아리따운 여인을 만났으니 그가 리브가이다.

리브가는 아브라함의 형제 나홀의 아들 브두엘의 딸이요, 라반의 여동생이었다. 이삭은 자기 집의 늙은 종이 데리고 온 리브가와 결혼하여 가정을 이루었고 비로소 그동안 어머니를 잃은 슬픔에서 벗어나 위로를 얻을 수 있었다(창 24:67).

그러나 이삭은 결혼한 지 20년이 지나도록 자손이 태어나지 않았다. 이삭은 하나님께 간구할 수밖에 없었고 드디어 리브가가 임신하여 쌍둥이를 낳았으니 그들이 형 에서요, 동생인 야곱이다.

이제 장자로 태어난 에서가 그 장자의 명분을 동생 야곱에게 빼앗기게 된 내용을 살펴보자. 먼저 성경은 이삭 부부의 자식에 대한 편애를 언급한다. 장자에게 축복하려는 이삭을 속여 이를 야곱에게 받게 하려 애쓰는 리브가의 얘기는 나중에 언급하겠지만, 실로 이 가정은 자식에 대한 편애가 처음부터 있었다. 그 말씀부터 소개하자.

"그 아이들이 장성하매 에서는 익숙한 사냥꾼이었으므로 들사람이 되고 야곱은 조용한 사람이었으므로 장막에 거주하니 이삭은 에서가 사냥한 고기를 좋아하므로 그를 사랑하고 리브가는 야곱을 사랑하였더라."(창 25:27-28)

이 말씀에 의하면 에서는 남성적이며 활달한 기질로 사냥을 즐기는 사람이었는데, 이삭은 그가 잡아오는 고기를 좋아해서 그를 사랑했다고 했다. 반면에 야곱은 내성적 성품으로 늘 장막을 벗어나지 않았다. 그러므로 자연히 어머니인 리브가와 접촉할 시간이 많다 보니 리브가의 사랑을 받았다. 어쩌면 같은 자식인데도, 이삭 부부는 이렇듯 자기와의 관계 때문에 두 아들을 편애할 수 있었을까. 이런 편애는 심리학이나 교육학을 들먹이지 않아도 자녀들에게 정서적으로 좋은 영향을 줄 수는 없다.

두 번째로 생각할 것은 에서의 경솔함이고, 세 번째로 생각할 것은 야곱의 간교함이다. 이러한 두 형제의 성품이 잘 드러나는 사건이 있다. 에서가 시장하여 붉은 죽 한 그릇으로 장자의 명분을 판 에피소드다.

어느 날이었다. 야곱이 붉은 죽을 쑤고 있는데 사냥을 나갔던 에서가 돌아왔다. 그는 기진맥진했다. 피곤하고 시장했다. 그런데 동생 야곱이 마침 붉은 죽을 쑤고 있었다. 성품이 활달한 에서가 그걸 보고 가만히 있을 리 없었다. 에서는 야곱에게 그 붉은 것을 조금 먹자고 했다. 그래서 에서의 별명이 에돔이 되었다. 에돔이란 붉다는 뜻을 가지고 있다. 후에는 이 에돔이라는 별명을 따서 에서의 후손을 에돔족이라고 부르게 되었다. 세일산 부근에서 살았기 때문에 세일산 사람이라고도 했다.

아무튼 야곱은 형 에서가 피곤하고 시장하여 그 붉은 것을 달라고 했을 때 거절했다. 그는 에서에게 붉은 것을 주는 대신 장자의 명분을 오늘 팔라고 했다. 야곱은 간교하고 야박했다. 형에게 붉은 죽을 거저 줄 수 없다며 거래를 요구한 것이다.

그래서 야곱이 그 시간에 붉은 죽을 끓인 것은 우연이 아니라 의도적이었을 것이라고 보는 학자도 많다. 에서의 경솔함을 알기 때문에 그가 돌아올 시간을 맞춰서 의도적으로 죽을 끓이고 있었다고 보는 것이다. 그렇다면 진실로 야곱은 교활하고 간교한 사람이다.

반면, 에서는 급한 성품이었지만 순박한 사람이었는지도 모른다. 그는 "내가 죽게 되었으니 장자의 명분이 내게 무엇이 유익하리요." 하고 야곱의 요구대로 맹세까지 한 뒤 장자의 명분을 야곱에게 팔았다. 야곱은 형에게 죽뿐만 아니라 떡도 함께 주었다. 어쩌면 야곱은 그것을 맛있게 먹는 에서를 보면서 회심의 미소를 지었을지 모른다.

그러나 우리는 이 사건을 통해서 알아야 한다. 어떠한 유혹이 온다 할지라도 그것을 이기고 물리쳐야 하는 것은 본인의 몫이다. 남을 유혹하는 것이 좋은 행위는 아니지만, 넘어지고 나서 원망하지 말라.

성경은 에서가 장자의 명분을 붉은 죽 한 그릇으로 바꾼 것을 가리켜 "에서가 장자의 명분을 가볍게 여긴 결과" 라고 결론을 내리고 있다(창 25:34). 왜 우리는 때때로 모욕도, 아픔도, 슬픔도, 배고픔도 참아야 하는가. 자기와 자기에게 주어진 소중한 인격과 명예를 지키기 위함이 아니겠는가. 에서는 붉은 죽 한 그릇으로 소중한 장자의 명분을 팔았다. 누가 뭐래도 그는 경솔했다. 그렇다면 에서의 그 경솔한 행위에 대한 결과는 어떻게 나타났는가.

이삭은 나이가 많아 눈이 어두워졌다. 그는 자기에게 주어진 마지막 일을 하기 위하여 큰아들인 에서를 불러 이렇게 말했다. "내가 이제 늙어 어느 날 죽을는지 알지 못하니 그런즉 네 기구 곧 화살통과 활을 가지고 들에 가서 나를 위하여 사냥하여 내가 즐기는 별미를 만들어 내게로 가져와서 먹게 하여 죽기 전에 내 마음껏 네게 축복하게 하라."고 했다(창 27:2-4). 그런데 이를 어쩌랴. 이삭이 에서에게 말하는 내용을 리브가가 엿듣고 말았다.

리브가는 에서가 사냥을 하기 위해 들로 나가자 야곱을 불러 말했다. "네 아버지가 네 형에게 말씀하는 것을 내가 들었는데 나를 위하여 사냥하여 가져다가 별미를 만들어 내가 먹게 하여 죽기 전에 여호와 앞에서 네게 축복하게 하라 했으니 그런즉 내 아들아 내 말을 따라 내가 네게 명하는 대로 염소 떼에 가서 거기서 좋은 염소 새끼 두 마리를 내게로 가져오면 내가 그것으로 네 아버지를 위하여 즐기시는 별미를 만들지니 네가 그것을 네 아버지께 가져다 드려서 그가 죽기 전에 네게 축복하기 위하여 잡수시게 하라."라고 했다.

야곱이 어머니 리브가에게 "내 형 에서는 털이 많은 사람이요, 나는 매끈매끈한 사람인즉 아버지께서 나를 만지실 건데 내가 아버지의 눈에 속이는 자로 보인다면 복은 고사하고 저주를 받을까 하나이다." 하고 염려하자, 리브가는 "너의 저주를 내게로 돌리리니 내 말만 따르고 가서 가져오라." 하며 격려했다.

야곱이 염소를 끌어다가 어머니 리브가에게 가져오니, 리브가는 이삭이 즐기는 별미를 만들었다. 평생 남편에게 드리는 음식을 만든 부인으로서 얼마나 남편의 입맛을 잘 알았겠는가. 리브가는 에서의 좋은 의복을 가져다 야곱에게 입히고, 염소 새끼의 가죽을 그의 손과 목의 매끈매끈한 곳에 입히고, 자기가 만든 별미와 떡을 야곱에게 주어

아버지인 이삭에게 나아가도록 했다.

야곱이 "내 아버지여!" 하고 불렀다. 이삭이 대답했다. "내가 여기 있노라. 내 아들아 네가 누구냐?" 야곱이 대답했다. "나는 아버지의 맏아들 에서입니다. 아버지께서 내게 명하신대로 내가 하였사오니 원하건대 일어나 앉으셔서 내가 사냥한 고기를 잘 잡수시고 마음껏 내게 축복하소서." 야곱은 어머니께서 일러준 대로 능숙하게 연기를 했다. 이삭이 "내 아들아, 네가 어떻게 이같이 속히 잡았느냐?"라고 물었을 때도 "아버지의 하나님 여호와께서 나로 순조롭게 만나게 하셨습니다."라고 능청스럽게 대답했다.

이에 이삭이 "내 아들아, 가까이 오라. 네가 과연 내 아들 에서인지 아닌지 내가 너를 만져보겠다."라고 했다. 얼마나 가슴이 두근거렸을까. 야곱이 아버지께 가까이 다가가니 이삭이 그를 만졌다. 그리고 말하기를 "음성은 야곱의 음성이나 손은 에서의 손이로다."라고 했다. 그럼에도 미심쩍었던지 다시 한 번 "네가 참 내 아들, 에서냐?"라고 물었고, 야곱은 그렇다고 대답했다.

이삭은 감쪽같이 속아 넘어갔다. 이제 사냥한 고기를 가져오라 하였고, 이삭은 야곱이 가지고 온 염소고기 요리와 포도주를 먹고 마셨다. 마지막으로 이삭은 야곱에게 입을 맞추고 그의 옷의 향취를 맡으며 축복해 주었다. "내 아들의 향취는 여호와께서 복 주신 밭의 향취로다. 하나님은 하늘의 이슬과 땅의 기름짐이며 풍성한 곡식과 포도주를 네게 주시기를 원하노라. 만민이 너를 섬기고 열국이 네게 굴복하리니 네가 형제들의 주가 되고 네 어머니의 아들들이 네게 굴복하여 너를 저주하는 자는 저주를 받고 너를 축복하는 자는 복을 받기를 원하노라."(창 27:27-29)

이렇게 이삭이 야곱에게 축복하기를 마치매 야곱은 아버지 앞을 떠났고, 이어서 곧 큰아들 에서가 사냥에서 돌아와 별미를 가지고 아버지께로 들어왔다. "아버지여, 일어나서 아들이 사냥한 고기를 잡수시고 마음껏 내게 축복하소서."

이게 어찌된 일인가. 이삭은 "너는 누구냐?"고 물었다.

이미 큰아들이라는 자를 만나 축복해 주었는데 다시 큰아들이 찾아오다니. 에서가 "나는 아버지의 맏아들, 에서입니다." 하고 대답할 때 그는 심히 크게 떨어야 했다. "그렇다면 조금 전에 사냥한 고기를 내게 가져온 자가 누구냐? 네가 오기 전에 내가 다 먹고 그를 위하여 축복하였은즉 그가 반드시 복을 받을 것이니라." 에서는 아버지의 말씀을 듣고 소리를 지르며 슬피 울어야 했다. 그는 울부짖었다. "내 아버지여, 내게 축복하소서! 내게도 그리하소서!" 그러나 소용이 없었다. 한 번 축복한 것을 번복할 수는 없었다.

에서에게 이 비극은 어떻게 찾아왔는가. 지난날 자신이 장자의 명분을 가볍게 여기고 붉은 죽 한 그릇과 바꾼 대가가 아닌가. 더구나 하나님의 주권적 섭리는 인위적으로 변경할 수 없다. 그 형제가 리브가의 복중에 있을 때 하나님은 "두 국민이 네 태중에 있구나. 두 민족이 네 복중에서부터 나누이리라. 이 족속이 저 족속보다 강하겠고 큰 자가 어린 자를 섬기리라."라고 예언하신 바 있다(창 25:23).

이에 말라기 선지자는 후에 "에서는 야곱의 형이 아니냐. 그러나 내가 야곱은 사랑하였고 에서는 미워하였다."고 표현했다(말 1:2-3).

또한 후에 사도 바울은 이 부분을 선택교리를 설명하는 예증으로 삼았으니 그 내용은 이렇다. "그뿐 아니라 또한 리브가가 우리 조상 이삭 한 사람으로 말미암아 임신하였는데 그 자식들이 아직 나지도 아니하고 무슨 선이나 악을 행하지 아니한 때에 택하심을 따라 되는 하나님의 뜻이 행위로 말미암지 않고 오직 부르시는 이로 말미암아 서게 하려 하사 리브가에게 이르시되 큰 자가 어린 자를 섬기리라 하셨나니 기록된 바 내가 야곱은 사랑하고 에서는 미워하였다 하심과 같으니라."(롬 9:10-13)

그렇다. 하나님의 선택은 다음과 같은 특색을 가진다. (1)주권적이며, (2)창세 전에 결정된 영원적이며, (3)인간의 어떤 조건에 좌우되지 않는 무조건적이며, (4)변경되거나 취소되지 않는 불변적이며, (5)하나님의 선택은 실패하지 않는 불가항력적이다.

이 하나님의 선택에 대하여 바울 사도는 찬송하기를 "찬송하리로다 하나님 곧 우리 주 예수 그리스도의 아버지께서 그리스도 안에서 하늘에 속한 모든 신령한 복을 우리에게 주시되 곧 창세 전에 그리스도 안에서 우리를 택하사 우리로 사랑 안에서 그 앞에 거룩하고 흠이 없게 하시려고 그 기쁘신 뜻대로 우리를 예정하사 예수 그리스도로 말미암아 자기의 아들들이 되게 하셨다."고 했다(엡 1:3-5).

에서는 아버지를 속이고 자신에게 주어질 축복을 가로챈 야곱이 원망스러워 그 억울함을 아버지께 호소했다. "그가 나를 속임이 이것이 두 번째이니이다. 전에는 나의 장자의 명분을 빼앗고 이제는 내 복을 빼앗았나이다." 그는 자기가 받을 축복을 야곱이 가로챈 것이, 그 이전에 자기의 경솔로 장자의 명분을 죽 한 그릇과 바꾸어 버린 일의 연장선에 있다는 사실을 모르고 있는 것이다.

전에 자신이 장자의 명분을 가볍게 여기지 않고 굳게 지켰더라면 어떻게 장자에게 돌아가는 축복을 야곱이 가로챌 수 있었겠는가. 정확히 말하면 야곱이 장자의 명분을 죽 한 그릇으로 샀으니 장자가 된 것이고, 그렇기 때문에 장자에게 돌아오는 축복도 차지하게 된 것이다.

이를 깨닫지 못하고 억울한 생각만 가지고 있는 에서는 "아버지께서 나를 위하여 빌 복을 남기지 아니하였나이까?" 하고 호소하였다. 그러나 아버지 이삭의 대답은 냉정하였다. "내가 그를 너의 주로 세우고 그의 모든 형제를 내가 그에게 종으로 주었으며 곡식과 포도주를 그에게 주었으니 내 아들아, 내가 네게 무엇을 할 수 있으랴."(창 27:37)

그럼에도 에서는 아버지께 애걸하였다. "내 아버지여, 아버지가 빌 복이 이 하나뿐이리이까. 내 아버지여, 내게 축복하소서. 내게도 그리 하소서." 에서는 소리 높여 울었다. 그러나 그에게는 축복이 아니라 오히려 저주가 내려졌다. "네 주소는 땅의 기름짐에서 멀고 내리는 하늘 이슬에서 멀 것이며 너는 칼을 믿고 생활하겠고 네 아우를 섬길 것이며 네가 매임을 벗을 때에는 그 멍에를 네 목에서

떨쳐 버리리라."(창 27:39-40)

　이러한 에서의 아픔을 신약성경은 이렇게 피력하고 있다. "음행하는 자와 혹 한 그릇 음식을 위하여 장자의 명분을 판 에서와 같이 망령된 자가 없도록 살피라. 너희가 아는 바와 같이 그가 그 후에 축복을 이어받으려고 눈물을 흘리며 구하되 버린 바가 되어 회개할 기회를 얻지 못하였느니라."(히12:16-17) 성경은 한 그릇 음식을 위하여 장자의 명분을 판 에서를 망령된 자로 표현했고, 그 후에 축복을 이어받으려고 눈물로 호소했지만 회개할 기회조차 얻지 못했다고 했다. 비참하고 불쌍한 존재가 되어 버린 것이다.

　그후로 에서는 야곱을 미워하여 아버지가 돌아가시면 그를 죽이리라고 마음먹었다(창 27:41). 그러나 이 낌새를 눈치 챈 리브가는 야곱을 불러 네 형 에서가 너를 죽여 한을 풀려하니 하란 땅의 외삼촌 라반의 집으로 피신할 것을 종용했다. 덧붙여 리브가는 야곱에게, 에서의 노가 풀리기까지 몇 날 동안 외삼촌과 같이 있다가 네 형의 분노가 풀려 네가 자기에게 행한 것을 잊어버리거든 내가 사람을 보내서 너를 거기서 불러오리라고 했다.

어찌하여 리브가는 같은 날에 태어난 쌍둥이 자식인데도 야곱에게만 집착했을까. 이 얼마나 지독한 편애인가. 어쨌든 리브가는 에서의 분노가 며칠 지나면 풀릴 것으로 생각했던 것 같다. 그래서 야곱에게 잠시 하란의 외삼촌 집에 피해 있다가 돌아오라고 했다. 그러나 하란으로 피신했던 야곱은 외삼촌에게 속아 품삯도 받지 못했고, 사기 결혼도 해야 했다.

외삼촌의 둘째 딸인 라헬을 사랑하게 된 야곱은 그와 결혼시켜 줄 것을 외삼촌과 약조하고 7년을 무상으로 일했다. 그러나 결혼을 하고 보니 신부가 첫째 딸인 레아였다. 약속을 어긴 것에 대하여 항의하는 야곱에게 외삼촌 라반은, 그 지역은 첫째를 두고 둘째를 먼저 시집보내는 예가 없다는 핑계로 라헬을 위하여 7년 더 무상으로 일하도록 했다. 결국 야곱은 라헬을 얻기 위하여 14년 동안 봉사하여야 했다. 그리고 그후 6년을 수고하여 하나님의 도우심으로 부자가 되었다. 지팡이 하나 들고 요단을 건넜던 야곱이 돌아올 때에는 두 떼를 이루었다.

성경에는 야곱이 이러한 일들을 이루는 동안 어머니 리브가와 만났다는 기록이 없다. 이는 야곱을 하란으로 피신시키면서 며칠 지나면 다시 만나게 될 것이라는 리브가의 생각을 하나님께서 무산시킨 결과로 볼 수밖에 없다. 또한 야곱은 형과 아버지를 속인 대가로 외삼촌에게 속고 후에는 자식들에게 속아야 했다고 봐야 한다.

성경은 무엇을 심든지 심은 대로 거두는 법칙이 있음을 말씀한다(갈 6:7). 그렇게 비열하게 속이지 않아도 형이 동생을 섬기게 될 것이라는 약속을 받은 야곱인데, 간교한 생각으로 형의 장자 명분을 빼앗고 어머니 리브가와 합작하여 아버지를 속여 장자에게 내리는 축복을 가로챘으니, 야곱과 리브가는 이런 불행을 겪어야 했던 것이다.

몇 날이 지나면 에서의 분노가 풀려 야곱이 곧 돌아올 것이라고 예상했던 리브가의 생각과는 달리, 야곱은 하란

에서 20년을 보내고 난 후에야 고향으로 향했다. 야곱이 돌아온다는 정보를 들은 에서는 400명 군사를 이끌고 야곱을 맞으러 오고 있었다(창 33:1). 만약 얍복나루에서 야곱이 씨름하듯 치열한 기도를 하지 않았더라면 그는 에서의 분노에 의하여 희생될 수도 있었으리라. 그러나 하나님은 에서의 마음을 사로잡아 형제가 화해하도록 만드셨다(창 33:4-12).

에서는 나이 40에 신앙과 혈족이 다른 헷 족속 브에리의 딸 유딧과 엘론의 딸 바스맛을 맞아서 부모의 마음을 근심시켰고(창 26:34-35), 이스마엘의 딸 마할랏을 아내로 삼기도 했다(창 28:9). 이후에 에서는 세일산 부근으로 이주하였는데 그 자손이 크게 번성하여 에돔 족속을 이루었다(창 36장).

이렇듯 위로 올라가 보면 에돔은 아브라함과 이삭의 후손이지만, 항상 이스라엘 민족과 적대관계를 유지하였다. 이스라엘이 출애굽 하여 가나안을 향하여 갈 때 에돔은 그들의 땅을 통과하지 못하도록 막았다. 가데스에서 에돔

왕에게 우리가 밭으로나 포도원으로 지나가지 아니하고 우물물도 마시지 아니하고 왕의 큰길로만 지나가고 당신의 지경에서 나가기까지 왼쪽이나 오른쪽으로 치우치지 않을 것이라 해도 거절했고, 우리가 큰길로만 지나가겠고 우리나 우리 짐승이 당신의 물을 마시면 그 값을 낼 것이며 우리가 도보로 지나갈 뿐 아무 일도 없게 하겠다고 해도 칼로 위협하고 지나가지 못하도록 막으므로 우회해서 갈 수밖에 없었다(민 20:14-21).

　　에돔은 예루살렘이 멸망할 때는 바벨론에 가담하여 유대의 성읍들을 점령하기도 했다. 이런 에돔을 하나님은 벌할 수밖에 없었다(애 4:21). 에서의 망령된 행실이 자신은 물론이고 후손에게까지 이런 불행을 초래하게 된 것이다.

## 르우벤 – **정욕**

야곱의 장자 르우벤은 서모인 빌하와
간통함으로 장자의 지위를 빼앗겼다.
순간적인 정욕을 다스리지 못한 결과였다.

# 3장

# 장자長子의 자리를
# 박탈당한
# 르우벤

르우벤은 레아가 낳은 야곱의 장자이다. 구약 시대, 장자에게는 영적으로 특별한 축복이 따르고 현실적으로 다른 동생들보다 아버지의 유산을 배로 받는 혜택이 주어졌다. 하지만 르우벤은 장자로 태어났기에 자동적으로 주어지는 축복을 한순간의 실수로 모두 박탈당했다.

그러나 실수라 해도 실수할 수밖에 없는 원인이 있기 마련이다. 르우벤의 실패는 그가 처했던 가정환경과 무관하다고 볼 수 없다. 아마도 아버지 야곱과 어머니 레아는 물론, 복잡한 서모들 사이에서 겪어야 했던 삶의 정황이

르우벤의 성장기에 그릇된 영향을 끼쳤을 것이다.

르우벤의 아버지 야곱은 본래 교활한 사람이었다. 그는 쌍둥이 형인 에서로부터 장자의 명분을 빼앗았다. 성품이 경솔했던 에서가 사냥에서 돌아와 시장하고 피곤할 때, 마침 야곱은 붉은 죽을 쑤고 있었다. 어떤 학자들은, 야곱이 에서가 돌아올 즈음에 맞추어 계획적으로 죽을 쑤었을 것이라 보기도 한다.

활달했던 에서가 동생이 쑤고 있는 입맛이 도는 붉은 죽을 보고 그냥 지나쳤겠는가. 먹자고 했다. 그러자 야곱은 그냥 줄 수는 없고 장자의 명분과 바꾸자고 했다. 몹시 시장했던 에서는 장래의 일을 생각지 않고 우선 시장기를 면하기 위해서 장자의 명분을 주고 죽을 받아먹었다. 그는 장자의 명분을 가볍게 여겼던 것이다.

또한 야곱은 죽을 날을 앞에 두고 눈이 어두워진 아버지 이삭을 속여 장자에게 내리는 축복을 가로챘다. 에서에게 사냥하여 잡아온 고기로 별미를 만들어 오면 그것을 먹고 축복하겠다는 남편 이삭의 말을 엿들은 리브가는 에서가 사냥하러 나간 사이에 야곱을 불러 염소를 잡아오도록 하여 별미를 만들었다. 그리고 그것을 야곱으로 하여금 이삭에게 가져다 주게 하여 장자에게 내리는 축복을 받도록 했다. 야곱은 자신이 에서인 양 해야 하는 아슬아슬한 순간을 넘기고 결국 장자가 받는 축복을 가로챌 수 있었다. 모자가 합작한 사기가 아닌가.

　뒤늦게 이 사실을 안 이삭은 심히 떨었고, 에서는 자신이 경솔하여 장자의 명분과 장자에게 돌아오는 축복까지 빼앗긴 것을 알고 통곡을 했지만 이미 소용없는 일이었다. 분노를 이기지 못한 에서가 동생을 죽이려 하자 리브가는 야곱을 하란의 외삼촌 라반의 집으로 도피시켰다. 리브가는 떠나는 야곱에게 몇 날이 지나면 에서의 분노가 풀릴 것이니 그때에 기별하면 돌아오라고 했다. 그러나 에서의 원한은 쉽게 풀리지 않았고 야곱은 외삼촌의 집에서 20년을 지내야 했다.

　하란에 이른 야곱은 맨 먼저 라헬을 만났다. 그녀는 외삼촌 라반의 둘째 딸로서 그때 양들을 치고 있었다. 야곱은 그에게 접근하여 자신이 리브가의 아들임을 말하고 라헬의 양들에게 물을 먹이는 일을 도왔다. 야곱은 외삼촌 라반의 집으로 인도되었고, 라반은 야곱이 자신의 반가운 생질임을 확인하고 한 달 동안 함께 거주하였다.

그 후 라반은 야곱에게 "네가 비록 내 생질이지만 어찌 그저 내 일을 하겠느냐."며 "네 품삯을 어떻게 할 것인가, 내게 말하라."라고 제안했다. 이에 야곱은 외삼촌의 작은 딸 라헬을 주신다고 약조하면 7년 동안 무상으로 섬기겠노라고 응답했다.

라반에게는 두 딸이 있었다. 언니인 레아는 시력이 약하고 아우인 라헬은 야곱이 보기에 곱고 아리따웠다. 야곱은 두 딸 중에 라헬을 사랑했다. 그래서 외삼촌과 약조하고 7년 동안 품삯 없이 외삼촌을 섬겼다. 그러나 얼마나 라헬을 사모했던지 그 짧지 않은 7년을 단 며칠로 여겼다.

7년 약조 기한이 지났다. 야곱은 7년 동안 무상으로 외삼촌을 섬긴 대가로 라헬을 신부로 맞을 수 있었다. 성대한 잔치를 하고 첫날밤을 보냈다. 그런데 이를 어쩌랴. 아침에 일어나 보니 지난밤을 같이한 신부가 라헬이 아니었다. 레아였다. 7년 동안을 오매불망 사모하다 보니 얼굴도 보지 않고 맞아들였단 말인가.

야곱은 당연히 외삼촌에게 항의했다. "외삼촌이 어찌하여 내게 이렇게 행하셨나이까. 외삼촌이 나를 속이심은 어찌됨이니까?" 야곱은 실로 난감했으리라.

그렇다. 외삼촌이 생질을 속여 처음의 약조를 어기고 7년 동안 성실하게 일한 자신을 이렇게 속일 수는 없는 것이다. 그래서는 안 된다. 그러나 그렇다면 왜 자신은 형을 속여 장자의 명분을 죽 한 그릇으로 바꾸어 차지하고, 아버지 이삭을 속여 장자에게 돌아가는 축복을 가로챘는가. 성경은 심은 대로 거두는 법칙을 말한다(갈 6:7).

라반은 변명했다. "언니보다 아우를 먼저 주는 것은 우리 지방에서 하지 아니하는 바이다. 이를 위하여 7일을 채

우라. 우리가 그도 네게 주리니 네가 또 나를 7년 동안 섬길지니라." 야곱으로서는 속수무책이었다. 졸지에 야곱은 라반의 두 딸을 차지하게 되었지만 그러나 앞으로 7년을 더 품삯을 받지 않고 외삼촌을 섬겨야 했다(창 29:26-27).

야곱 가정의 비극은 여기서부터 시작되었다. 야곱의 사랑은 처음부터 라헬이었다. 레아는 형식상으로는 야곱의 첫 부인이지만 야곱의 사랑을 받지 못하였다.

사랑받지 못하는 첫 부인의 비애. 위로의 차원인가, 하나님은 레아에게 자식을 낳게 하셨다. 그의 첫 번째 자식이 르우벤이다. 그 이름의 뜻은 '보라, 아들이다'이다. 첫 아들을 낳고, 그것도 라헬보다 먼저 자식을 낳고 얼마나 기뻤으면 이런 이름을 지었을까. 레아는 하나님께서 자신의 괴로움을 돌보셔서 아들을 주셨다고 믿었고, 그렇기 때문에 이제는 야곱이 자신을 사랑하게 될 것이라고 생각했다(창 29:32).

그리고 레아는 내리 세 명의 아들을 더 두었다. 둘째 아들을 낳고 이름을 시므온이라 했다. 하나님께서 내가 사랑받지 못함을 들으셨으므로 내게 이 아들을 주셨다고 생각했다. 시므온이라는 이름의 뜻은 '들으심'이다. 첫 아들 르우벤을 낳고 이제는 야곱이 자신을 사랑하게 될 것이라 기대했지만 남편의 마음은 아직도 그에게 돌아오지 않았던 것이다.

레아는 셋째 아들을 낳고 레위라 이름지었다. 그는 내 남편이 지금부터 나와 연합하리라 생각하고 '연합'이라는 뜻을 가진 레위로 이름 지은 것이다. 넷째 아들을 낳았다. 이번에는 유다라고 이름을 지었다. '찬송'이라는 뜻이다. 레아는 내가 이제는 여호와를 찬송하리로다, 하고 지은 것이다. 사랑받는다고는 하지만 라헬이 자식을 두지 못하는 사이에 자신은 네 아들을 두지 않았는가. 그것이 하나님을 찬양할 일이라고 생각했을지 모른다.

그렇다면 그때부터 야곱은 레아를 사랑했는가. 아니다. 야곱은 일편단심 라헬만 사랑했다. 그의 마음엔 레아가 들어갈 틈이 없었다. 레아가 그렇게 자식을 낳으며 구걸

하듯 사랑에 목말라했지만 야곱은 야멸찼다. 남편의 사랑에 허기진 인생을 레아는 평생 살아야 했다.

남편의 사랑을 독차지한 라헬은 그것으로 만족했는가. 그에게는 또 다른 아픔이 있었다. 자식이 없었다. 레아가 쉽게 가지는 자식을 왜 자기는 낳을 수 없는가. 모든 것을 다 차지하고 싶어 질투의 화신이 된 라헬. 그는 얼토당토 않게 남편을 들볶기도 했다. "내게 자식을 낳게 하라. 그렇지 않으면 내가 죽겠노라." 이건 해도 해도 너무한 것이 아닌가. 야곱은 성을 냈다. "그대를 임신하지 못하게 하시는 이는 하나님이시니 내가 하나님을 대신하겠느냐?"(창 30:1-2)

당연하다. 생명의 탄생은 우연이 아니다. 인간의 노력도 아니다. 하나님의 소관이요, 하나님의 뜻이다. 이것을 믿는 야곱의 신앙 앞에 과연 라헬의 질투는 그 끝이 어딘가. 라헬은 남편에게 자기의 여종인 빌하에게 들어가 그가 낳은 아들을 제 무릎에 두라고 했다. 자기가 이루고자 하지만 이룰 수 없으니 이런 차선책으로라도 자식을 두고 싶어 하는 욕구와 시기심이었다.

당시는 자신에게 자식이 없으면 몸종을 통하여 자식을 낳게 하고 그 자식을 자기 자식으로 하는 풍습이 있었다. 그의 조부였던 아브라함 부부도 하나님께서 주시기로 약속했던 자식이 태어나지 않자 차선책으로 사라의 여종 애굽 여인 하갈을 통하여 상속자를 두려고 했지 않은가. 그렇게 해서 태어난 것이 이스마엘이고(창 16:1-3,15).

야곱이 빌하에게 들어가 자식을 낳았다. 그것을 보고 라헬은 하나님이 내 억울함을 푸시려고 내 호소를 들으사 내게 아들을 주셨다고 했다. 그래서 그 아이의 이름을 단이라 했다. 단은 '억울함을 풀었다'는 뜻이다. 오늘날의 개념으로 하면 무엇이 억울하며 어떻게 자기의 여종이 낳은 자식이 자기 자식이 되는가.

빌하가 둘째 아들을 낳았다. 그리고 이름을 납달리라 했다. '경쟁'이라는 뜻이다. 라헬은 자신이 언니와 크게 경쟁하여 이겼다고 생각했다. 그렇다면 라헬에게 있어서 언

니 레아는 자신의 경쟁자요, 시기와 질투의 대상밖에는
되지 않았다고 볼 수밖에 없다.

그렇다면 이런 현상을 보는 레아는 어떤 생각을 했는
가. 동생이 자기의 여종을 통하여 아들을 두자 레아도 이
에 뒤질세라 자기의 여종 실바를 남편에게 들여보냈다.
너에게만 여종이 있느냐, 나에게도 있다는 식이다. 레아의
마음속에도 역시 어리석은 시기와 질투 의식이 있었다.
동생에게 지고 싶지 않았을 게다.

실바가 아들을 낳았다. 레아는 그 아이의 이름을 갓이
라 했다. '복되다'는 뜻이다. 실바가 둘째 아들을 낳았다.
그 아이에게는 아셀이라는 이름을 주었다. '기쁨'이라는
뜻이다. 레아는 이제 모든 딸들이 자신을 기쁜 자라 할 것
이라고 생각했다.

이런 일도 있었다. 어느 정도 자란 르우벤이 어느 날 들
에서 합환채를 얻어 제 어머니 레아에게 드렸다. 합환채
는 향긋한 냄새를 풍기는 식물로, 고대 근동지역에서는

부부 간의 사랑과 자녀 출산을 증진시키는 효과가 있는 것으로 여겨지고 있었다. 그렇다면 남편의 사랑을 갈구하는 레아에게도 좋고, 자식을 낳고 싶어 하는 라헬에게도 좋은 것이 된다.

합환채가 레아의 손에 들어가자, 지금은 사랑을 독차지하고 있지만 자식을 두고 있지 않은 라헬은 위기감을 느꼈다. 남편의 사랑마저 언니에게 빼앗긴다면 어떻게 되겠는가. 여자로서 자기는 무엇인가. 그러니 양보할 수가 없지 않은가.

라헬은 레아에게 그 합환채를 달라고 요구했다. 그렇다고 레아가 동생의 요구를 그냥 들어주겠는가. 레아가 말했다. "네가 내 남편을 빼앗은 것이 작은 일이냐. 그런데 내 아들이 준 합환채도 빼앗고자 하느냐?" 레아는 동생이 자기 남편을 빼앗은 것으로 여기고 있는 것이다. 비록 자기 남편이 자기보다 동생을 더 사랑하고 있지만 자기가 남편을 먼저 차지했던 여자요, 정실正室이라는 인식 때문일 것이다.

이에 라헬은 그 합환채를 자기에게 주는 대신 오늘밤에 남편을 차지하라고 했다. 라헬은 남편의 사랑을 빼앗기지 않으면서 자녀를 두고 싶은 욕심 때문에 남편과의 하룻밤을 레아에게 양보하기로 한 것이다. 이로 보건대 야곱은 라헬에게 사로잡혀서 행동조차 자유롭지 못했던 것 같다. 어쩌면 야곱은 네 부인을 둔 가장으로서 집안을 조용하게 이끌기 위하여 많이 참아야 했을 것이다.

그날 레아는 들에서 돌아오는 야곱을 영접했다. 그러고는 르우벤의 합환채로 당신을 샀노라고 했다. 그날의 동침으로 레아는 다시 자식을 낳게 된다. 이름을 잇사갈이라 했다. '값'이라는 뜻이다. 이 사건은 자식을 낳는 것과 합환채는 관련이 없다는 사실을 알게 한다. 라헬은 합환채를 받아 사랑을 더욱 증진시키고 자식을 낳고자 했지만 어림없는 수작이었다. 오히려 레아는 자식을 또 얻게 되었고, 라헬에게는 당분간 허사였다.

이후 레아는 여섯 번째 아들을 낳았으니 스불론이다. '거한다'는 의미의 이름이다. 레아는 하나님께서 자기에게

후한 선물을 주셨다고 인정했다. 그리고 남편으로부터 여섯 아들을 낳았으니 이제는 그가 자기와 함께 살 것이라는 기대를 가졌다. 끝까지 남편의 사랑을 기대하는 끈질긴 여인의 본능적이면서도 안타까운 모습이 아닌가.

하나님은 이후에 라헬을 생각하여 아들을 주셨다. 그가 요셉이다. 얼마나 기다렸던 아들인가. 라헬은 아들을 낳고 하나님이 내 부끄러움을 씻으셨다고 소감을 말했다. 그가 비록 남편의 사랑을 독차지하듯 했지만 자식이 없는 것에 대하여 내심 얼마나 부끄러워했는가를 짐작할 수 있다. 라헬은 요셉을 낳고 만족한 것이 아니라 더 낳기를 원했다. 막판에 하나님은 그 소원도 이루어 주셨다.

그러나 그 소원은 불행을 동반했다. 라헬은 고향으로 돌아오는 베들레헴(에브랏) 근처에서 해산을 하게 되었는데 난산이었다. 그는 아이 이름을 베노니라고 했다. '슬픔의 아들'이라는 뜻이다. 이 이름이 불길하다 하여 야곱은 베냐민이라고 이름을 고쳤다. '오른손의 아들'이란 뜻이다. 유대인들은 오른손을 중요시했다.

이렇게 야곱은 가장 사랑했던 여인 라헬을 베들레헴 근처에서 잃고 그곳에 묻었다. 가족 묘지인 막벨라 굴에는 야곱의 부인으로 레아가 들어간다. 얼마나 슬프고 안타까웠을까.

그런데 이 슬픔이 가시기도 전에 또 다른 불상사가 발생한다. 에델 망대를 지나 장막을 치고 거주하는 동안에 야곱의 장남 르우벤이 제 아버지의 첩이며 자신의 서모인 빌하를 간통한 것이다. 빌하는 라헬의 종이었던 여자다. 자기 어머니 레아의 종이 아니다.

르우벤은 왜 아버지 야곱의 권위를 무시하는 이런 패역을 자행했을까. 순간적인 정욕이라면 왜 참지 않았을까. 여기서부터 르우벤의 패역을 필자 나름대로 분석해 보고자 한다.

르우벤은 야곱의 장자로서 누구보다 가정사를 많이 목도했을 것이다. 어머니 레아와 이모이며 서모인 라헬과의 사랑싸움을 보면서 자랐을 것이다. 아버지를 사이에 두고 발생하는 어머니와 이모 그리고 두 서모의 여성 특유의 본능적 암투를 보아야 했을 것이다. 아버지가 라헬만 사랑하므로 사랑받지 못하는 어머니의 눈물과 한숨을 감수성이 예민한 시절에 보지 않을 수 없었을 것이다.

그뿐인가. 아버지의 이런 편애는 거기서 그치지 않고, 라헬이 낳은 요셉에 대한 편애로도 나타났다. 이런 아버지를 보면서 르우벤의 마음엔 원망과 증오의 감정이 자리잡았을 수 있다.

라헬이 죽자, 혹여 아버지의 사랑이 그동안 사랑했던 라헬의 몸종이었던 빌하에게로 옮겨가지 않을까, 아니면 라헬이 미우니 그의 여종이었던 서모 빌하도 밉다는 생각을 하지 않았을까 하는 생각도 든다. 지나친 상상력일 수 있다. 그러나 인간의 감정세계는 미묘하다. 복잡하기도 하지만 가볍고 얄팍할 수도 있다.

훗날 야곱은 임종을 앞두고 열두 아들에 대한 유언을 남겼다. 이 유언은 그들에 대한 예언이기도 하다. 그는 장자인 르우벤에게 이렇게 유언했다. "르우벤아, 너는 내 장자요, 내 능력이요, 내 기력의 시작이라. 위풍이 월등하고 권능이 탁월하다마는 물의 끓음 같았은즉 너는 탁월하지 못하리니 네가 아버지의 침상에 올라 더럽혔음이로다. 그가 내 침상에 올랐었도다."(창 49:3-4)

누구나 그렇지만 야곱도 장자인 르우벤이 자랑스럽고 그래서 많은 기대를 가졌을 것이다. 야곱은 그에 대한 예언을 시작하면서 "너는 내 장자요, 능력이라."라고 했다. 구약시대의 장자는 큰 축복을 받고 태어난다. 영적으로는 아버지의 권위를 이어받는다. 집안의 대표로서 축복권이 있었다. 그가 축복하면 축복을 받고 저주를 하면 저주를 받았다. 물질적 축복으로는 아버지의 유산을 다른 아들들의 배로 받았다.

다음으로 "너는 나의 기력의 시작이라."라고 했다. 내 생산력의 첫출발이라는 의미이다. "위풍이 월등하다."라고 했다. 장자에게 부여되는 가족 내의 제1인자로서의 권위와 하나님 앞에서의 가족을 대표하는 영적인 영예의 우월성이 있다는 의미이다.

"권능이 탁월하다."라고 했다. 장자로서 가문을 지도해 나갈 능력이 있다는 의미이다. 족장시대에는 가장의 권한이 절대적이었다. 이런 탁월한 가장의 권위는 특별한 경우가 아니면 자동적으로 장자가 물려받게 되었다.

그렇다면 르우벤은 태어날 때 얼마나 큰 복을 타고났는가. 이것을 야곱은 기대했는데 르우벤은 아버지의 그 기대를 저버리고 한순간에 걷어찼다. 아버지의 침상을 더럽혔다. 서모인 빌하와 간통한 것이다. 그 성품을 물이 끓음 같았다고 했다. 르우벤의 성품이 급하고 거칠며 충동적이었다는 뜻이다. 그런 성품이라면 실수를 많이 할 수 있다. 충분히 생각지 않고 행동부터 하는 성품, 우선 벌여놓고 보는 성품이다.

르우벤의 성품이 얼마나 충동적이었나 하는 것을 잘 보여주는 예가 있다. 훗날 가나안에 흉년이 들자, 야곱은 막내둥이 베냐민만 남겨두고 자식들을 애굽으로 보냈다. 식량을 구해 오라는 것이었다. 당시 애굽의 국무총리는 르우벤을 포함한 형제들이 애굽 상인에게 팔아넘겼던 요셉이었다.

요셉이 어떻게 애굽의 명재상이 되어 있겠는가. 형제들은 꿈에도 생각을 못하는데 요셉은 식량을 구하러 온 형제들을 알아봤다. 요셉은 그들에게 아버지와 가정 형편에 대해 묻고, 그들을 정탐꾼으로 몰아 시므온을 인질로 남겨두고 식량을 주어 돌려보냈다. 정탐꾼이 아님을 증명하기 위해서는 돌아가서 동생인 베냐민을 데리고 오라는 것이었다.

아들들이 돌아와 야곱에게 자초지종을 말씀드리고 부득이 베냐민을 데리고 가야 함을 아뢰자 야곱은 낙심하며 한탄했다. "너희가 나에게 내 자식들을 잃게 하도다. 요셉도 없어졌고 시므온도 없어졌거늘 베냐민을 또 빼앗아 가고자 하니 이는 다 나를 해롭게 함이로다."(창 42:36) 이에 르우벤이 나서서 내가 베냐민을 데리고 돌아오지 아니하거든 자기의 두 아들을 죽이라고 했다.

이렇듯 르우벤은 충동적인 면이 있었다. 베냐민을 반드시 데리고 올 것을 확신시키는 맹세까지는 할 수 있지만, 그렇지 못할 때는 자기의 두 아들을 죽이라는 말은 지나치지 않은가. 어떤 할아버지가 그 아비의 잘못 때문에 자기 손자를 둘씩이나 죽이겠는가.

결국 충동적인 성품의 르우벤은 아버지의 침상을 더럽힌 죄로 장자의 자리를 박탈당하여야 했다. 그 사실을 역대상 5:1-2절은 이렇게 기록하고 있다. "르우벤은 장자라도 그의 아버지의 침상을 더럽혔으므로 장자의 명분이 이스라엘의 아들 요셉의 자손에게로 돌아가서 족보에 장자의 명분대로 기록되지 못하였느니라. 유다는 형제보다 뛰어나고 주권자가 유다에게서 났으나 장자의 명분은 요셉에게 있으니라."

그렇다. 한순간의 실수로 르우벤은 장자의 권리를 박탈당했을 뿐 아니라 그의 후손 중에는 위대한 사사도, 예언자도, 왕도 나오지 못했다. 두 몫을 차지하는 재산은 요셉 지파(므낫세와 에브라임)에게로, 제사장 직분은 레위 지파로, 메시아의 조상이 되는 특권은 유다 지파로 넘어가 버렸다.

　탁월한 인물이 나오지 않은 르우벤 자손들. 그 자손 중에 다단과 아비람과 온이 레위 지파의 고라와 함께 작당하여 모세의 지도권에 도전한 일이 있었다(민 16:1-35). 혈통적인 장자의 자손임을 들어서 대적했을 것이지만, 하나님은 그들에게 진노하셔서 땅이 입을 열어 그들을 삼켜버리는 재앙으로 멸망시켰다. 이를 우연으로 치부할 것인가.

## 엘리 제사장 - **불복종**

엘리 제사장은 자신의 두 아들을 바르게
양육하지 못한 잘못 때문에 블레셋에게
하나님의 임재의 상징이었던 법궤를 빼앗기는
국가적 수모를 당했을 뿐 아니라
자기 일족의 멸망을 초래했다.

# 4장

# 법궤를
## 빼앗긴
# 엘리 제사장

엘리

이스라엘의 역사상, 이스라엘 민족이 가나안 땅을 정복한 시기부터 왕정이 세워질 때까지 약 400년 동안을 사사시대士師時代라 한다. 이 시대의 특색을 성경은 "사람이 각기 자기 소견의 옳은 대로 행했다."고 기록해 놓고 있다(삿 21:25).

이스라엘은 하나님이 택한 민족이다. 모든 일을 하나님의 뜻을 좇아 순종해야 했다. 거기에 하나님의 인도와 보호와 축복이 있었다. 그런데 사람들이 하나님의 뜻보다 자기들 생각에 옳은 대로 행동했다면 어떻게 되었을까. 극도의 혼란과 방종의 시대가 될 수밖에 없었다. 그래서 흔히 사사시대를 부도덕과 혼돈의 시대라고 한다. 사람들은 교만하여 하나님을 찾지 않았다. 우상을 숭배하는 가나안 원주민들의 영향도 받았다. 하나님은 여지없이 징계를 내렸다. 주변의 이방민족들이 쳐들어와 약탈을 하며 지배를 했다. 그들에게 조공도 바쳐야 했다.

그 학정에 못 이겨 백성들은 회개를 했다. 그때마다 하나님은 긍휼히 여겨 걸출한 인물을 세워 대적을 물리치게 했다. 그러면 정신을 차리고 하나님만 의지해야 하는데 그러지 못했다. 어느 정도 기간이 지나면 정신이 해이되어 다시 타락의 길을 걸었다. 하나님의 징계가 내리고 잘못을 뉘우치고 그러면 징계를 풀어주고 하는 일이 반복되었다. 이 사사시대가 마무리되어 가는 당시의 제사장은 엘리였다.

엘리 제사장 때에 블레셋이 쳐들어왔다. 이스라엘은 이를 방어하기 위해 에벤에셀에 진을 쳤고, 블레셋은 아벡에 진을 쳐 서로 조우하게 되었다. 얼마 후 드디어 전쟁이 일어났고, 그 결과 이스라엘이 패배하여 4천 명 가량이 죽임을 당했다. 이스라엘로서 이것은 큰 충격이었다. 장로들이 모여 어찌하여 여호와께서 우리에게 오늘 블레셋 사람들에게 패하게 하셨는가, 의논하여 결정한 것이 실로에 있는 언약궤를 이곳 전쟁터로 가져오자는 것이었다.

언약궤가 진중으로 들어올 때 이스라엘 사람들은 땅이 울릴 정도로 큰 소리로 외쳤다. 언약궤의 위력을 알기 때문이었다. 지난번 싸움에서 4천 명 가량 죽었는데 그때는 우리끼리 맞섰지만, 이제 여호와 임재의 상징인 법궤를 앞세운다면 하나님이 싸워주심으로 넉넉히 이길 것으로 믿었다.

이스라엘은 애굽에서 나올 때부터 하나님의 인도를 받았고 시내산에서 하나님의 명령대로 법궤를 만들어 그것을 앞세우고 행진할 때 모든 대적을 물리칠 수 있었다. 요단강을 건널 때는 법궤를 멘 제사장들이 요단에 발을 내딛자마자 물이 갈라지는 역사를 체험했고, 난공불락이라는 여리고성은 법궤를 앞세우며 하루에 한 바퀴씩 돌고 이레째 되는 날에 일곱 번 돈 다음 고함을 지르니 흐물흐물 무너져 내려 어렵지 않게 정복할 수 있었다. 그런데 지금 또 그 법궤가 진중에 들어왔으니 꼭 이길 것으로 믿은 것이다.

한편 블레셋 진영에서는 갑자기 이스라엘 진영에서 큰소리가 나자 그 원인을 확인했다. 그리고 법궤가 들어왔기 때문이라는 정보를 듣고 적잖이 두려움이 생겼다. 그들도 법궤의 위력을 알기 때문이었다. 이스라엘의 신이 애굽에 재앙을 내려 그들을 패하게 한 것을 알고 있었다. 그러나 어떻게 하겠는가. 싸워야 했다. 그들은 히브리 사람들의 종이 되느니 대장부같이 싸우자고 스스로 격려하면서 싸움에 임했다.

이 전쟁의 결과는 어떻게 되었는가. 블레셋에게 이스라엘은 대패를 했다. 이스라엘은 법궤를 앞세우고 나가면 반드시 이길 것으로 믿었고 블레셋도 법궤를 두려워했는데, 결과는 어이없게도 이스라엘의 패배였다. 더구나 이번의 패배는 지난 패배보다 더 비참해서 3만 명이 죽었다.

나머지는 도망하였고, 더욱 안타까운 것은 엘리 제사장의 아들인 홉니와 비느하스가 전사했고 법궤마저 블레셋에 빼앗겼다.

전쟁에 대한 소식을 초조하게 기다리고 있던 엘리 제사장은 그때 나이 98세요, 눈이 어두워서 앞을 보지 못하였다. 그는 전쟁터에서 도망쳐 나온 한 사람으로부터 이스라엘의 패전 소식을 들었다. 특별히 법궤를 빼앗겼다는 소식에 비대한 몸으로 의자에 앉았다가 뒤로 넘어져서 목이 부러져 죽었다. 영적 지도자요 정치적인 지도자로서, 하나님의 임재를 상징하는 법궤를 빼앗겼다는 소식에 얼마나 충격이 컸겠는가. 엘리가 사사가 된 지 40년이 되던 해였다.

이런 비참함과 수치가 어떻게 하나님의 백성에게 일어날 수 있었을까. 그 원인을 하나님은 당시 엘리 제사장 밑에서 곱게 자라고 있던 한나의 아들, 소년 사무엘에게 일러주셨다. 당시는 여호와의 말씀이 희귀하여 이상이 흔히 보이지 않을 때였다(삼상 3:1). 그러나 곱게 자라는 사무엘에게 하나님께서 말씀해 주신 것이다.

"내가 엘리의 집에 대하여 말한 것을 처음부터 끝까지 그날에 그에게 다 이루리라. 내가 그의 집을 영원토록 심판하겠다고 그에게 말한 것은 그가 아는 죄악 때문이니 이는 그가 자기의 아들들이 저주를 자청하되 금하지 아니하였음이니라. 그러므로 내가 엘리의 집에 대하여 맹세하기를 엘리 집의 죄악은 제물로나 예물로나 영원히 속죄함을 받지 못하리라."(삼상 3:12-14)

구약시대의 모든 죄는 하나님께 속죄 제사를 드림으로 용서를 받았다. 그런데 엘리 집안의 죄악은 속죄 제물을 드려도 소용없다는 것이다. 그 원인은 엘리 제사장이 자기 아들들의 저주를 자청하는 행동을 금하지 않았기 때문이라 했다.

결국 법궤를 앞세우고 나아가도 전쟁에서 패하고 법궤마저 빼앗겼을 뿐 아니라, 엘리의 두 아들 홉니와 비느하스가 전사하고, 엘리 제사장이 의자에 앉았다가 목이 부러져 죽은 불상사가 모두 자기 가족 안에서 저질러진 죄 때문이라는 것이다. 구체적으로 말하면 자식들이 저주받을 행동을 해도 제사장인 엘리가 금하지 않은 것이 원인이었다는 것이다.

그런데 그 저주가 이 정도로 끝나는 것이 아니라 영원하다는 데 심각함이 있다. 엘리 제사장의 며느리인 비느하스의 아내가 임신하여 해산 때가 가까웠는데, 하나님의 궤를 빼앗기고 시아버지와 남편이 죽었다는 소식을 듣더니 갑자기 아파하며 몸을 구푸려 해산하고 죽었다. 그는 죽어가면서 영광이 이스라엘에서 떠났다 하고 아이 이름을 이가봇이라 하였다. 이가봇이란 말은 '영광이 없다'는 뜻이다. 제사장직은 세습이다. 엘리 가문에 이가봇만이 남았다.

그렇다면 그의 후손은 어떻게 되었을까. 솔로몬 왕 때까지 명맥을 이어가다 제사장직에서 영원히 물러나게 되는 사건이 일어났다. 다윗 왕에게 충성했던 엘리 제사장의 후예 아비아달이 솔로몬과 아도나이 형제의 왕위 계승

다툼에서 아도나이 편에 섰다가 몰락당하고 말았다.

이 사실을 성경은 이렇게 증언한다. "왕이 제사장 아비
아달에게 이르되 네 고향 아나돗으로 가라. 너는 마땅히
죽을 자이로되 네가 내 아버지 다윗 앞에서 주 여호와의
궤를 메었고 또 네 아버지가 모든 환난을 받을 때에 너도
환난을 받았은즉 내가 오늘 너를 죽이지 아니하노라 하고
아비아달을 쫓아내어 여호와의 제사장 직분을 파면하니
여호와께서 실로에서 엘리의 집에 대하여 하신 말씀을 응
하게 함이더라."(왕상 2:26-27)

하나님께서 엘리의 집을 영원토록 심판하겠다고 한 말
씀이 솔로몬 대에 최종적으로 이루어진 것이다. 엘리 제
사장 가문에서는 더 이상 제사장이 나오지 않았다. 하나
님의 말씀과 저주가 얼마나 두려운가!

이제 엘리 제사장의 아들인 홉니와 비느하스가 하나님
께 저주를 자청한 죄악은 구체적으로 무엇인가를 알아보
자. 성경은 "엘리의 아들들은 행실이 나빠 여호와를 알지

못하더라."라고 기록하고 있다(삼상 2:12). 바로 이것이 엘리 가문에 저주를 가져온 근본 원인이다.

하나님의 다스림을 받는 민족의 영적 지도자 엘리의 아들들이 하나님을 알지 못했다면 비극이 아닌가. 장차 자기들도 아버지의 뒤를 이어 영적 지도자가 되어야 할 사람들인데 하나님을 몰랐다면 심각한 문제를 이미 안고 있었던 것이다. 누구보다 하나님을 경외하며 경건의 훈련을 받아야 할 제사장의 자식들이 행실이 나빠 하나님을 알지 못했다. 하나님을 알지 못하니 행실이 나쁠 수밖에 없고, 행실이 나쁘니 하나님을 알 수 없는 것이다.

성경은 엘리 제사장의 아들들인 홉니와 비느하스의 죄악상을 두 가지로 부각시키고 있다. 그 하나는 그들이 여호와의 제사를 멸시했다는 것이다(삼상 2:17).

제사는 하나님께서 제시하신 방식이 있다. 그 방식을 어기는 것은 하나님의 뜻을 어기는 것이다. 저들은 하나님께 드린 제물을 삶을 때 자기들 몫을 먼저 취했고, 기름을 태운 후에 가져가야 할 고기를 태우기 전에 강제로 빼앗아 갔다. 또 하나의 죄악상은 회막문에서 수종을 드는 여인들과 동침한 것이다.

이렇듯 불량한 자식들의 언급하지 않은 죄는 또 얼마나 많았겠는가. 그들은 아버지가 "너희가 어찌하여 이런 일을 하느냐. 내가 너희의 악행을 이 모든 백성에게서 듣노라. 내 아들들아, 그리하지 말라. 내게 들리는 소문이 좋지 아니하니라. 너희가 여호와의 백성으로 범죄하게 하는도다."라고 권면하되 듣지 않았다. 그들의 죄악상은 이미 파다하게 알려져 있었던 것이다(삼상 2:22~25).

성경은 엘리 제사장의 아들들의 죄악상을 폭로하면서 그들의 아버지와 무관하다고 하지 않는다. 제사장으로서, 아버지로서 엘리가 자식 교육의 책임을 다하지 못하고 소홀했음을 지적하고 있다. 엘리 제사장이 아들들을 하나님보다 더 중히 여겼다는 것과(삼상 2:29) 아들들이 저주를 자청하되 금하지 않았다는 것은 부모로서 치명적 실책이라 할 수 있다.

그렇다. 하나님은 "나를 존중히 여기는 자를 내가 존중히 여기고 나를 멸시하는 자를 내가 경멸하리라."라고 했다(삼상 2:30). 하나님이 내 편이 되어 싸워주시기를 원한다면 나 또한 하나님 편에서 살아야 한다. 내가 불의하면서 하나님께 내 편이 되어 달라고 하는 것은 하나님을 불의한 분으로 만들려는 어림없는 수작이다. 의로우신 하나님은 절대로 불의의 편에 서지 않는다. 불순종하고 불충하는 사람을 도와주시지 않는다.

이스라엘 사람들은 블레셋 사람들과 싸우러 나가면서 법궤를 앞세웠다. 그러나 그들은 패배하고 오히려 법궤마저 빼앗겼다. 하나님은 불의의 편에 함께하는 분이 아니심을 확실하게 보여주신 것이다.

이스라엘은 엘리 제사장 때 하나님의 법궤를 블레셋에 빼앗겼다. 십계명 두 돌판과 아론의 싹이 난 지팡이와 만나 항아리가 든, 하나님의 임재를 상징했던 언약궤를 할례 받지 않은 이방인들에게 빼앗겼으니 이스라엘로서는 얼마나 자존심이 상하고 부끄러운 일인가.

그러나 하나님은 당신의 임재를 상징하는 성물을 이방에 방치하지 않았다. 후에 되찾아 성전 지성소에 안치시키도록 하셨다. 여기서는 법궤가 이스라엘에 어떻게 되돌아왔는가를 살펴보겠다. 모든 것은 제자리에 있어야 하는 법이다.

하나님의 임재를 상징하는 법궤를 블레셋에 빼앗긴 것은 엘리 제사장 시절 아벡 전투에서였다. 블레셋이 이스라엘을 침략하여 아벡에 진을 치자 이스라엘은 방어하기 위하여 에벤에셀에 진을 쳤다. 1차 전투에서 이스라엘은 패배하여 4천 명 가량이 죽었다.

이스라엘은 하나님의 힘을 빌리기 위해서 실로에 있던 법궤를 옮겨와 법궤를 앞세워 전쟁을 벌였다. 그러나 이 전쟁에서도 이스라엘은 졌다. 하나님은 범죄한 사람들이 회개 없이 법궤를 앞세웠다고 승리를 주지 않았다. 이번엔 병사 3만 명이 죽었고 엘리 제사장의 두 아들 홉니와 비느하스가 전사했으며 법궤도 빼앗겼다. 이 패전 소식을 듣고 엘리 제사장은 의자에 앉았다가 뒤로 넘어져 비참하게 목이 부러져 죽었다.

한편 법궤를 빼앗은 블레셋은 자기들의 신 다곤이 이스라엘의 신 여호와를 이겼다고 쾌재를 불렀을 것이다. 법궤를 가지고 아스돗으로 가서 다곤 신전의 다곤 신상 곁에 두었다. 그런데 이튿날 보니 다곤이 법궤 앞에 엎드러져 그 얼굴이 땅에 닿아 있었다. 우연이라 생각했을 것이다. 다곤을 일으켜 다시 제자리에 세웠다. 그러나 이튿날에 보니 이번에는 다곤이 법궤 앞에 엎드러져 있을 뿐 아니라 머리와 두 손목이 끊어져 문지방에 있고 몸뚱이만 남아 있었다. 하나님이 다곤에게 굴복한 것이 아니라 여호와 하나님이 다곤 신전에 들어가 다곤을 굴복시킨 형국이 아닌가.

그뿐 아니라 아스돗과 그 지역 사람들에게 독한 종기가 나기 시작했다. 그들은 견딜 수 없어 법궤를 가드로 옮겼다. 그런데 거기서도 더 독한 종기가 나서 에그론으로 옮겨야 했다. 그곳 사람들도 종기가 생겨 죽었다. 법궤가 가는 곳마다 재앙이 있으니 그들은 아우성을 치며 본래 법궤가 있었던 곳으로 보내자고 결의했다.

법궤가 블레셋으로 온 지 일곱 달이 지나, 새 수레를 만들고 멍에를 메어 보지 아니한 젖 나는 소 두 마리를 끌어다가 소에 수레를 메우고 법궤를 가져다가 수레에 실었다. 속건제로 드릴 금으로 만든 물건들도 상자에 담아 궤 곁에 두어서 떠나보냈다. 그들은 법궤를 실은 수레를 보내면서 소가 벧세메스로 바르게 가면 우리에게 하나님이 재앙을 내린 것이요 그렇지 않으면 재앙이 우연히 일어난 것으로 생각하기로 했다. 그런데 수레를 멘 암소들이 벧세메스 길로 바로 가되 울면서 갔고 좌우로 치우치지 않았다.

벧세메스 사람들은 수레가 도착하자 수레의 나무를 패고 그 암소들을 잡아 번제물로 여호와께 드렸다. 그러나 벧세메스 사람들이 여호와의 궤를 들여다본 까닭에 70명이 죽었다. 백성들은 슬피 울었고 전령을 기럇여아림으로 보내 블레셋 사람들이 도로 보낸 법궤를 옮겨가라고 통보했다. 그리하여 법궤는 기럇여아림의 아비나답의 집에 20

년 동안 있어야 했다(삼상 5장-7장 2절).

　세월이 흘러 다윗이 정권을 잡자 그는 기럇여아림에서 법궤를 모셔올 마음이 있었다. 그는 지휘관들과 의논하였는데 모두가 옳게 여겨 사역을 실행하였다. 그런데 불행하게도 법궤를 새 수레에 싣고 아비나답의 집에서 나왔다. 법궤를 수레에 실어 운반하는 자체가 위법이다.

　아비나답의 아들 중 아효는 궤 앞에서 가고 웃사는 궤 뒤를 따랐다. 여러 악기를 연주하며 장엄하게 운반하는데 나곤의 타작마당에 이르러 소들이 뛰므로 순간적으로 웃사가 하나님의 궤를 붙들었다. 그와 동시에 하나님의 진노를 받은 웃사는 그 자리에서 죽었다.

　기쁜 날에 불상사가 일어남으로 더 이상 법궤를 옮길 수 없어 오벧에돔의 집으로 메어 갔다. 법궤는 오벧에돔의 집에 3개월 동안 머물렀는데 하나님은 오벧에돔의 집에 복을 내렸다. 다윗은 이 소식을 듣고 다시 계획을 세워 이번에는 궤를 어깨에 메서 옮겼다. 이날 다윗은 기뻐서

옷이 벗어지는 줄도 모르고 어린아이처럼 춤을 추었다(삼하 6장, 대상 13장).

참고로 법궤는 레위 지파 사람들이 어깨에 메서 운반하도록 했고 아무나 만질 수 없도록 규정되어 있다. 후에 법궤는 솔로몬 성전이 완성되었을 때 지성소에 안치되었고, B.C. 586년 유다가 바벨론에 멸망할 때 느부갓네살에 의하여 약탈당한 뒤 그 행방이 묘연하다.

그러나 그것은 어쩌면 당연한 일이다. 예수 그리스도가 오셨고 우리는 성령을 모신 성전이다. 그리고 우리는 영원한 새하늘과 새땅을 바라보고 있지 않은가. 구약의 성도들처럼 지상의 법궤를 보며 그것을 섬기는 사람이 될 수는 없다.

## 사울-

이스라엘의 초대 왕 사울은 블레셋 사람들과의
길보아 전투에서 패하여 자살했다.
그의 왕위는 다윗에게로 넘어갔다.
탐욕과 시기와 불순종이 그를
부끄러운 인간으로 만들었다.

# 5장

# 왕위를
# 잃은
# 사울

이스라엘의 초대 왕 사울은 베냐민 지파의 기스라는 유력한 사람의 아들이었다. 그는 훌륭했다. 외모로 봐도 키가 크고 준수했다. 성품도 겸손했으며 책임감이 강했다. 잃어버린 아버지의 암나귀를 찾으라는 분부를 받고 사흘이나 사환과 함께 찾으러 다닐 정도였다. 그 와중에 하나님의 섭리로 사무엘 선지자를 만나 머리에 기름 부음을 받았다. 이스라엘의 왕으로 선택된 표였다.

그러나 사울은 사무엘이 장차 이스라엘의 지도자가 될 것을 말씀하자 말하기를 "나는 이스라엘 지파의 가장 작은 지파 베냐민 사람이 아니니이까. 또 나의 가족은 베냐민 지파 모든 가족 중에 가장 미약하지 아니하니이까. 당신이 어찌하여 내게 이같이 말씀하시나이까." 하고 겸손을 표할 정도였다(삼상 9:21). 그는 사무엘이 미스바로 백성을 모으고 제비를 뽑은즉 자신이 뽑혔으나 짐 보따리들 사이에 숨었다. 자신은 왕으로 자격이 없다고 생각했다. 그러나 사무엘이 모든 백성을 길갈로 인도하고 거기서 사울을 왕으로 세움으로써 공식적인 왕이 되었다(삼상 11:15).

사울은 왕으로 등극한 이후 이스라엘과 적대적인 주변의 암몬, 블레셋, 모압, 아말렉 같은 족속들과 싸워 이김으로(삼상 11장-15장) 왕권을 확립하고 군대조직을 완비하였다. 비로소 나라의 기틀을 마련한 것이다.

사울은 생전에 여섯 차례 중요한 전투를 수행하였다. 첫 번째가 길르앗 야베스 전투다. 길르앗 야베스는 요단 동편의 이스라엘 땅으로, 당시 주변에 있는 암몬 족속의 나하스 군대의 침략 위기에 직면해 있었다. 요단 서편 기브아에서 농사를 지으며 살던 사울은 이 소식을 듣고 곧 베섹에 군대를 소집하였다. 소집에 응한 군사가 33만 명이었다. 이 군대를 이끌고 사울은 요단을 건너 길르앗 야베스로 진격하여 암몬을 궤멸시킴으로써 길르앗 야베스를 위기에서 구원하였다(삼상 11장).

사울의 두 번째 전투는 믹마스 전투다. 엘리 제사장 때 법궤를 빼앗기고 엘리의 두 아들이 전사한 블레셋과의 전투 이후 이스라엘은 끊임없이 블레셋에게 위협을 당하였다. 이에 빼앗긴 영토 회복과 선민으로서의 자존심 회복을 위하여 벌인 전투다. 이스라엘은 병력 3천 명으로 싸웠다. 그 중 2천 명은 사울이 인솔하여 기브아에서 믹마스로 향했고, 사울의 아들 요나단은 1천 명의 군대로 게바에 있는 블레셋 수비대를 기습 공격하여 승리하였다.

이스라엘의 공격 소식을 듣고 블레셋 군대가 믹마스에 집결했는데 병거가 3만, 마병이 6천, 백성이 해변의 모래같이 많았지만 이스라엘이 이겼다. 이는 사울의 아들 요나단이 이끄는 부대의 혁혁한 전공 때문이었다(삼상 13:1-14:46).

그러나 이 전쟁에 앞서 사울은 큰 실수를 했으니, 사무엘이 오기 전에 병사들이 동요하자 조급한 나머지 스스로 하나님께 번제와 화목제를 드림으로 제사장 직분을 침범하는 불경죄를 지어 책망을 들어야 했다(삼상 13:8-14).

　　세 번째 전쟁은 모압, 암몬 등과 같은 주변 족속들과의 전투다. 블레셋과의 전투에서 승리하고 영토를 회복한 사울은 주변에 있는 모압, 암몬, 에돔, 소바 등의 족속들을 정복하고 국가의 기틀을 다졌다(삼상 14:47).

　　네 번째 전쟁은 그 유명한 아말렉과의 전쟁이다. 아말렉은 과거 이스라엘이 애굽을 나와 광야생활을 하던 때, 대열의 후미를 공격하며 이스라엘을 괴롭혔던 부족이다.

　　당시 모세는 여호수아에게 전면에 나아가 아말렉과 싸우도록 하고 자신은 산꼭대기에 올라 손을 들고 기도했다. 그러나 손이 피곤하여 내려오면 이스라엘이 전쟁에 밀리므로 아론과 훌이 모세의 양편에서 손이 내려오지 않도록 받쳐주어서 결국 승리했었다.

전쟁이 끝난 후 하나님은 모세에게 이 사실을 기록하여 기념하게 하고 여호수아의 귀에 외워 들리게 하라 했다. 그리고 아말렉을 없이하여 천하에서 기억도 못하게 하리라고 했다(출 17:8-16). 그 약속을 하나님은 사울 왕 때에 시행하도록 한 것이다.

하나님은 사울에게 아말렉을 철저히 진멸하도록 하셨다. 그러나 사울은 살진 짐승과 아말렉 왕 아각을 살려두었다. 그리고 변명하기를 하나님께 제사드릴 제물로 쓰려고 남겨두었다고 했다. 하나님은 순종이 제사보다 낫다는 말씀으로 사울을 책망했다. 결국 이 전쟁은 사울이 하나님께 불순종하므로 버림받는 계기가 되었다(삼상 15:1-23).

다섯 번째 전쟁은 엘라 전투다. 소년 다윗과 장군 골리앗의 싸움의 배경이 된 전쟁이다. 이스라엘이 블레셋의 대장군 골리앗의 위용에 전전긍긍하며 지리멸렬하던 때에, 아버지 이새의 심부름으로 전장에 온 소년 다윗이 할례 받지 않은 자가 만군의 여호와를 능욕하는 것에 분개하여 평소 목동이 맹수로부터 양을 지킬 때 쓰는 물맷돌을 가지고 나가서 칼과 창과 단창으로 무장한 골리앗을 쓰러트린 통쾌한 전쟁이다.

이 전쟁의 승리로 이스라엘은 블레셋을 국경 근처인 에그론과 가드까지 격퇴할 수 있었다(삼상 17장). 그러나 이 전쟁의 결과로 민심이 흔들리기 시작했다. 백성들은 "사울이 죽인 자는 천천이요, 다윗은 만만이로다."라고 노래했다. 다윗의 인기가 왕인 사울을 능가한 것이다.

어떤 일이 벌어졌겠는가. 사울 왕은 시기와 질투로 악신에 시달리면서 다윗을 죽이려고 했고, 다윗은 살기 위해 도피자가 되었다. 그것도 10년 넘게 갖은 간계를 피하면서 도망쳐야 했다. 한 나라의 왕이 충성스런 신하를 죽이려고 군대를 이끌고 다녔다면 그것은 분명히 비극이다. 아니 희극이다.

사울은 다윗이 골리앗을 이기자 즉시 다윗을 자신의 경호원으로 삼는다. 그러나 질투심에 사로잡혀 악신이 든 그는 수단과 방법을 가리지 않고 다윗을 죽이려 했다. 자신의 딸 미갈과의 혼인을 조건으로 블레셋 사람의 포피 100개를 베어오도록 했다. 이는 블레셋 사람들을 통하여 다윗이 살해되기를 바란 것이었지만, 다윗은 오히려 블레셋 사람 200명의 포피를 가져다주고 사울 왕의 사위가 되었다(삼상 18장).

사울은 아들 요나단과 신하들에게 다윗을 살해하도록 지시하기도 했다. 사울이 다윗을 죽이려는 이유는 질투심 때문이기도 했지만, 다윗이 살아 있는 한 자신의 아들 요나단에게 왕위가 세습되지 못할 것이라는 우려 때문이기도 했다. 그러나 정작 사울의 아들 요나단은 다윗의 신실함과 아버지의 부당함을 알고 있었기에 다윗에게 사울의 살해 의도를 폭로하고 자신은 다윗을 죽이지 않을 것을 맹세한다(삼상 19:1-7).

한번은 악령에 사로잡힌 사울 앞에서 다윗이 수금을 탈 때 사울이 단창을 던지기도 했다. 다윗은 집으로 도피했고 사울의 딸이며 아내인 미갈의 도움으로 목숨을 건질 수 있었다(삼상 19:8-17). 더 이상 사울과 같이할 수 없음을 안 다윗은 요나단과 아쉬운 작별을 한다. 물론 요나단의 도움이 있었으며 두 사람의 우정은 변함이 없을 것을 약속한다(삼상 20장).

이후 다윗은 사울에 쫓겨다니며 위기의 순간을 자주 만난다. 그일라(삼상 23:6-13), 십 황무지(삼상 23:14-23), 마온 황무지(삼상 23:24-29), 엔게디(삼상 24장), 십 황무지(삼상 26장) 등으로 사울은 다윗을 추격했지만 번번이 실패했다. 반면 다윗은 사울을 죽일 수 있는 기회가 두 번이나 있었지만 하나님께서 세우신 왕을 죽일 수 없다 하여 위해하지 않았다(삼상 26장).

더 이상 이스라엘 땅에서 살아남을 수 없겠다고 판단한 다윗은 원수 나라인 블레셋으로 넘어가 가드 왕 아기스에게 몸을 의탁한다(삼상 27장). 사울 왕에게서는 벗어났지만 블레셋에서도 어려움은 여전하였다. 자기가 골리앗을 이긴 다윗임을 알아보는 사람이 있어 침을 흘리며 미친 체하기도 했고, 블레셋의 앞잡이가 되어 고국을 침략해야 하는 곤경에 빠지기도 했지만 하나님의 도우심으로 피할 수 있었다. 다윗은 블레셋과의 길보아 전투에서 사울 왕이 세 아들과 함께 전사했다는 소식을 접하고 헤브론으로 돌아왔다(삼하 1장).

마지막 여섯 번째 전쟁은 길보아 전투다. 국가의 명운이 걸린 싸움이었다. 충성스러운 신하인 다윗을 잡으려고 10여 년을 쫓아다니며 국력을 소비하고 불의를 행한 사울의 이스라엘이 이길 리 없었다. 참전한 사울의 세 아들 요나단, 아비나답, 말기수아가 전사했다.

사세가 부득이하자 사울은 자기 곁의 무기를 든 자에게 칼로 자기를 찌르라 했다. 그는 자신이 이스라엘의 왕이라는 자존심이 있었다. 할례 받지 않은 자들이 와서 자신을 찌르고 모욕할 것을 두려워했다. 그러나 무기를 든 자가 감히 지금까지 섬겨온 왕을 죽일 수는 없었다. 그는 자기의 주군을 해할 수는 없었다. 그가 주저하자 사울은 스스로 자기의 칼을 뽑아서 세우고 그 위에 엎드러졌다. 무기를 든 자가 사울의 죽음을 보고 자기도 자기 칼 위에 엎드러져 죽었다.

이튿날 블레셋 사람들이 사울과 세 아들들의 시신을 발견하고 사울의 머리를 베고 갑옷을 벗기고 그의 갑옷은 아스다롯의 집에 두고 시체는 벧산 성벽에 못 박았다. 길르앗 야베스 사람들이 그들의 시체를 벧산 성벽에서 내려 가지고 야베스에 돌아가서 불사르고 그 뼈를 장사지냈다(삼상 31장, 대상10장). 이렇게 해서 사울 왕의 40년 통치는 막을 내렸다.

결론을 내려보자. 처음엔 겸손하고 책임감이 강하고 외모도 준수하여 백성의 존경을 받았던 사울이 어째서 이렇듯 비참한 최후를 맞았는가. 그가 악신에 의하여 조종됨으로 다윗을 시기하며 불의한 행동을 한 것도 이유가 될 것이다.

그러나 성경은 그의 죽음에 대해서 이렇게 말씀하고 있다. "사울이 죽은 것은 여호와께 범죄하였기 때문이라. 그가 여호와의 말씀을 지키지 아니하고 또 신접한 자에게 가르치기를 청하고 여호와께 묻지 아니하였으므로 여호와께서 그를 죽이시고 그 나라를 이새의 아들 다윗에게 넘겨주셨더라."(대상 10:13-14) 여호와께 범죄한 사울을 여호와께서 죽였다는 것이다. 우리는 사울이 범한 여러 죄 중에 하나님의 뜻을 어긴 세 가지는 반드시 기억할 필요가 있다.

하나는 하나님께 대한 불경죄다. 사울이 왕위에 오른 지 2년이 되던 해였다. 블레셋이 믹마스에 진을 쳤는데 병거가 3만, 마병이 6천 명이고 백성은 해변의 모래같이 많았다. 이스라엘 사람들은 이를 보고 절박하여 굴과 수풀과 바위틈과 은밀한 곳과 웅덩이에 숨었다. 전의를 상실하고 떠는데 오기로 약속된 사무엘이 오지 않았다. 하나님이 도와주지 않으면 이길 수 없는 싸움, 백성들은 사울에게서 흩어졌다. 다급한 나머지 사울은 번제와 화목제물을 가져오라 해서 번제를 드렸다.

번제 드리기를 마치자 사무엘이 도착했다. 아차, 아무리 조급해도 조금만 더 기다릴걸, 하는 후회와 하나님도 내 사정을 이해해 주시겠지, 하는 마음이 엇갈렸을지 모른다. 사무엘을 나가 맞는 사울에게 사무엘이 물었다. "왕이 행하신 것이 무엇이냐?" 사울은 이실직고했다. "백성은 내게서 흩어지고 당신은 정한 날 안에 오지 아니하고 블레셋 사람은 믹마스에 모였음을 내가 보았으므로 이에 내가 이르기를 블레셋 사람들이 나를 치러 길갈로 내려오겠거늘 내가 여호와께 은혜를 간구하지 못하였다 하고 부득이하여 번제를 드렸나이다." 사울은 위급한 상황과 조급할 수밖에 없었던 상황을 말했다. 정말이지 자신이 번제를 드린 일이 부득이한 처사였음을 고백했다.

그런데 사울이 말하는 당시의 위급한 상황과 자신의 부득이했던 처사에 대한 변명에 대해 사무엘은 어떻게 말했는가. 그럴 수 있었을 것이다, 하고 관대하게 받아주지 않았다. 일언지하에 "왕이 망령되이 행하였도다." 하고 책망했다. 그리고 이어서 잘못된 행위에 대한 대가가 클 것을 말했다. "왕이 왕의 하나님 여호와께서 왕에게 내리신 명령을 지키지 아니하였도다. 그리하였더라면 여호와께서 이스라엘 위에 왕의 나라를 영원히 세우셨을 것이거늘 지금은 왕의 나라가 길지 못할 것이라. 여호와께서 왕에게 명령하신 바를 왕이 지키지 아니하였으므로 여호와께서 그의 마음에 맞는 사람을 구하여 여호와께서 그를 그의 백성의 지도자로 삼으셨느니라."(삼상 13:13-14)

그렇다. 하나님은 질서의 하나님이시다. 조급하다고 질서를 어기는 것을 하나님이 기뻐하실까? 제사는 제사장이 집례하도록 규정해 주었다. 왕이 할 일이 아니다. 왕이 제사를 드리는 것은 무질서요, 월권이요, 무례다. 우리도 조심하자. 급하다고 자기 마음대로 하는 것은 무질서요, 그것이 하나님의 일일 때는 불경죄가 된다. 하나님은 언제나 조급하지 않으시다.

하나님에 대한 사울의 두 번째 죄는 불순종이다. 아말렉을 진멸하라는 명령을 어긴 죄이다. 하나님은 아말렉을 쳐서 그들의 모든 소유를 남기지 말고 진멸하되 남녀와 소아와 젖 먹는 아이와 우양과 낙타와 나귀를 죽이라 했다(삼상 15:2-3). 이는 지난날 아말렉이 애굽에서 나온 이스라엘을 대적한 일에 대한 보복 차원이었다(출 17:8-16).

사울은 아말렉을 쳤다. 아말렉 사람의 왕 아각을 사로

잡고 칼날로 그의 모든 백성을 진멸하였다. 그러나 사울과 백성이 아각과 그의 양과 소의 가장 좋은 것 또는 기름진 것과 어린 양과 모든 좋은 것을 남기고 진멸하기를 즐겨 아니하고 가치 없고 하찮은 것을 진멸했다.

이런 행태를 보고 하나님은 사무엘에게, 내가 사울을 왕으로 세운 것을 후회한다고 했다. 그럼에도 사울은 사무엘이 찾아왔을 때 내가 여호와의 명령을 행하였습니다, 하고 보고했다. 이미 사울의 불순종을 알고 있는데 이처럼 거짓 보고를 한 것이다.

이때 진멸하지 않고 보호하고 있는 소와 양이 소리를 냈다. 소와 양이 사울의 거짓을 폭로하고 고발하는 게 아니겠는가. 사무엘이 "그러면 내 귀에 들려오는 이 양의 소리와 소의 소리는 어찌 됨입니까?" 하고 물었다. 그리고 책망했다. "왕이 스스로 작게 여길 그때에 이스라엘 지파의 머리가 되지 아니하셨나이까. 여호와께서 왕에게 기름을 부어 이스라엘 왕을 삼으시고 또 여호와께서 왕을 길로 보내시며 이르시기를 가서 죄인 아말렉 사람을 진멸하되 다 없어지기까지 치라 하셨거늘 어찌하여 왕이 여호와의 목소리를 청종하지 아니하고 탈취하기에만 급하여 여호와께서 악하게 여기시는 일을 행하였나이까."(삼상 15:17-19)

이쯤 되면 사울은 잘못을 시인하고 회개해야 했다. 그러나 그는 기회를 놓쳤다. 변명하기에만 급급했다. "나는 실로 여호와의 목소리를 청종하여 여호와께서 보내신 길로 가서 아말렉 왕 아각을 끌어왔고 아말렉 사람들을 진멸하였으나 다만 백성이 그 마땅히 멸할 것 중에서 가장 좋은 것으로 길갈에서 당신의 하나님 여호와께 제사하려고 양과 소를 끌어왔나이다."(삼상 15:20-21) 그는 왕으로서 자신의 책임을 회피하면서 모든 잘못을 백성들에게 전가하였고, 자신의 탐욕에 대해 하나님께 제사 드리기 위함이었다는 핑계를 댔다.

이런 사울의 변명에 사무엘은 단호하게 말했다. "여호와께서 번제와 다른 제사를 그의 목소리를 청종하는 것을 좋아하심같이 좋아하시겠나이까. 순종이 제사보다 낫고

듣는 것이 숫양의 기름보다 나으니 이는 거역하는 것은 점치는 죄와 같고 완고한 것은 사신 우상에게 절하는 죄와 같음이라. 왕이 여호와의 말씀을 버렸으므로 여호와께서도 왕을 버려 왕이 되지 못하게 하셨나이다."(삼상 15:22-23)

비로소 사울이 자기의 잘못을 시인하며 자신이 하나님의 말씀을 어긴 것은 백성을 두려워하여 그들의 말을 청종하였기 때문이라고 고백하면서 사무엘을 붙들었지만 그는 사울을 뿌리치고 떠났다.

하나님에 대한 사울의 세 번째 범죄는 신접한 자를 접촉한 일이다. 사무엘은 늙어 세상을 떠났고, 블레셋 사람들은 쳐들어와 수넴에 진을 쳤다. 이스라엘은 이에 대항하기 위해 길보아에 진을 쳤지만 사울 왕은 블레셋 사람들의 군대를 보고 두려워서 마음이 크게 떨렸다. 왜 이런 두려움이 엄습하겠는가. 그가 하나님으로부터 버림을 받았을 때 그는 외로울 수밖에 없었다. 믿음이 떨어지고 영혼이 황폐화되면 마음 둘 데가 없는 것이다. 여호와 하나님께 물어도 하나님은 꿈으로도, 우림으로도, 선지자로도 그에게 대답해 주지 않았다.

답답하고 불안한 사울은 수소문해서 엔돌에 있는 신접한 여인을 찾아갔다. 물론 변장을 하고 갔다. 사울이 전에는 하나님의 뜻을 따라 신접한 자와 박수를 멸절했던 사람인지라, 그들이 사울을 두려워했기 때문이다. 사울은 사무엘을 불러달라고 했다. 사무엘이 나왔다. 그러나 이런 일은 신앙적으로 있을 수 없는 일이다. 사탄의 역사일 것이다.

그러나 성경 기록에 의하면 나타난 사무엘은 사울에게 어떤 도움도 주지 않는다. 하나님의 말씀에 순종하지 않은 것을 책망하면서 왕위가 다윗에게로 넘어갈 것과 너와 네 아들이 함께 죽을 것을 예언해 주고 있다(삼상 28장).

성경은 사울이 죽은 원인 중의 하나를 신접한 자를 찾아 가르치기를 청한 것이라고 말씀하고 있다(대상 10:13). 신정국가의 왕으로 그 영혼이 얼마나 황폐해졌으면 계명을 어기고 우상을 찾았을 것인가. 불쌍하면서도 부끄럽다.

　성경은 사도 바울의 설교를 통하여 사사시대 이후 이스라엘이 왕을 구하거늘 하나님이 베냐민 지파 사람 기스의 아들 사울을 40년간 주셨다가 폐하시고 다윗을 왕으로 세우시고 증언하여 이르시되 내가 이새의 아들 다윗을 만나니 내 마음에 맞는 사람이라. 내 뜻을 다 이루리라 하셨다고 했다(행 13:21-22). 결국 사울은 하나님의 마음을 맞추어 드리지 못해 불행한 최후를 맞고 왕권을 다윗에게 넘겨주어야 했다.

## 웃시야 - **교만**

웃시야는 하나님의 기이한 도우심으로
강성한 나라를 이루었지만
후에 질서를 어기고 직접 하나님께
분향하려는 교만으로 나병을 얻고 말았다.

# 6장

# 왕위를
# 내려놓은
# 웃시야

웃시야 人

 자신이 속한 세계를 지난날보다 융성하게 만들었다면 그는 입지전적인 사람이 되지만, 성공했던 사람이 후에 몰락을 했다면 그는 부끄러움을 남긴 사람이 된다. 웃시야 왕은 후자에 속하는 사람이다. 역대하 26장은 웃시야 왕의 부침浮沈에 대해 이야기한다.

웃시야는 분열왕국 남유다의 열 번째 왕이며, 이름의 뜻은 '여호와는 나의 도움'이다. 16세의 어린 나이에 왕위에 올라 52년이란 긴 세월을 통치한 왕이다. 다른 곳에서는 아사랴라는 이름으로도 기록되었는데, 그 이름의 뜻은

'여호와는 나의 힘'이다(왕하 14:21). 부왕 아마샤의 아들이다. 웃시야는 탁월한 지도력을 갖춘 왕이었다. 정치적으로, 경제적으로, 군사적으로 나라를 부강하고 안정되게 이끌어 국력을 반석 위에 올려놓았다. 성경은 탁월한 그의 지도력을 말씀하면서 "기이한 도우심을 얻어 강성하여졌다."고 했다(대하 26:15).

그렇다면 과연 기이한 도우심이란 무엇인가? 사람의 이성이나 경험으로는 이해하기 어려운 신비한 어떤 작용을 말한다. 대체로 배후에서 역사하시는 하나님의 섭리나 능력을 뜻한다.

예를 든다면, 모세는 80의 나이에 애굽의 바로와 싸워 이긴다. 막강한 권세와 능력을 가진 왕이 막대기를 든 양치기 노인에게 망신을 당한 것이다. 세속의 눈으로 보면 신기하지 않은가. 다윗과 골리앗의 싸움도 마찬가지다. 소년 다윗이 목장에서 양을 해치러 내려오는 맹수를 쫓기 위하여 쓰는 물맷돌을 들고 나가서 칼과 창과 단창으로 무장한 백전노장 골리앗을 이겼다면 기이한 일 아닌가.

이런 신기한 하나님의 도우심으로 웃시야는 나라를 안정시키고 든든하게 세웠다는 것이다.

그렇다면 나라를 강성하게 만든 웃시야의 업적은 구체적으로 어떤 것들이었는가? 첫째, 엘롯을 건축하여 유다에 돌렸다. 엘롯은 홍해의 아카바 만 북쪽에 있는 항구도시다. 에돔 사람들이 장악하고 있던 이곳을 웃시야가 다시 찾아 재건했다. 이로써 유다는 국제무역의 요충지를 확보하게 되었고 국가 경제의 큰 도움을 얻게 된 것이다.

둘째, 군사력을 강화시켰다. 막강한 군대를 갖추어 주변의 적대 국가들을 격파하였다. 블레셋과 싸워 이겼다. 그들의 성벽을 허물고 그들 가운데에 성읍들을 건축했다. 아라비아 사람들과 마온 사람들을 쳤다. 암몬 사람들은 유다에 조공을 바치게 되었다. 그래서 웃시야의 강성함이 애굽 변방까지 퍼졌다(대하 26:6-8).

셋째, 산업을 발전시켰다. 웃시야 왕은 농사를 좋아해 광야에 망대를 세우고 물웅덩이를 많이 파고 고원과 평지에 가축을 많이 길렀으며, 또 여러 산과 좋은 밭에 농부와 포도원을 다스리는 자들을 두었다. 넷째, 군대를 양성하고 새로운 무기를 개발하여 국방을 튼튼히 하였다.

웃시야가 훌륭한 왕이 된 것은 물론 하나님의 도우심 덕분이었다. 또한 그에게 영향을 끼친 두 분을 빼놓을 수 없다. 하나는 그의 부모였다. 그의 아버지는 아마샤였고, 어머니는 여골리아로 '여호와께서 지배하신다'는 뜻의 이름을 가진 예루살렘 사람이었다. 이름이나 출신 지역으로 짐작한다면 그의 어머니는 신실한 신앙인이었을 것이다. 또한 성경은 웃시야가 자기 아버지 아마샤의 행위대로 여호와 보시기에 정직하게 행했다고 했으니, 그가 훌륭한 왕이 되는 데 부모의 영향이 컸다고 볼 수 있다. 또한 분의 멘토가 있었다. 그는 선지자 스가랴였다. 성경은 웃시야가 하나님의 묵시를 밝히 아는 스가랴가 사는 날에 하나님을 찾았고, 그가 여호와를 찾는 동안에는 하나님이 형통하게 하였더라고 했다.

이런 영적 지도자를 만난다는 것은 얼마나 다행스러운

일인가? 스가랴가 묵시를 밝히 알았다는 것은 그가 하나님의 뜻을 올바르게 알았다는 뜻이다. 그 밝히 아는 묵시를 스가랴는 웃시야에게 가르쳤고, 이 가르침을 받은 웃시야는 하나님을 찾은 것이다. 하나님의 뜻을 구하고 그 뜻을 따라 순종하며 정사에 반영했으리라. 그럴 때 하나님의 도우심이 있어서 그는 형통했고 국방을 튼튼히 하며 부강한 나라를 세울 수 있었다는 것이다.

그러나 그의 이런 행적도 거기서 끝이었다. 웃시야의 후반기는 실로 비참했다. 그는 나병 환자로 일생을 마무리했다. 왜 그랬을까? 뚜렷한 두 가지 이유가 있다. 하나는 부모의 가르침을 멀리했다든지 아니면 부모를 잃었을 것으로 보인다. 다른 하나는 그의 멘토였던 스가랴가 죽었기 때문이다. 역대하 26장 5절 말씀을 다시 보면 하나님의 묵시를 밝히 아는 스가랴가 사는 날에 하나님을 찾았고 그가 여호와를 찾을 동안에는 하나님이 형통하게 하셨다고 했다. 결국 웃시야의 형통은 스가랴가 사는 동안까지란 뜻이 된다. 스가랴 선지자가 죽은 뒤에는 웃시야가 하나님을 찾지 않았다는 의미가 아닌가.

그렇다. 이 이야기만 보아도 영적 지도자의 가르침이 얼마나 소중한지 알 수 있다. 그의 가르침이 있느냐, 없느냐에 따라 국가의 존망이 갈리는 것이다. 우리는 올바른 지도자의 가르침을 따르는 사람으로서, 선지자가 죽어도 그 가르침에서 떠나서는 안 된다.

성경은 웃시야의 영적 지도자인 스가랴가 죽고 웃시야가 하나님을 찾지 않을 때 그의 마음에 교만이 찾아왔다고 했다. 교만은 그로 하여금 악을 행하도록 만들었다. 그렇다. 교만이 들어오면 그 교만은 자신의 행위가 선인지 악인지조차 구별하지 못하게 만든다.

웃시야는 성전에 들어가서 향단에 분향을 하려 했다. 자기 소관이 아닌 일에 관여하려 했다. 이를 보고 제사장 아사랴가 여호와의 용맹한 제사장 80명을 데리고 그 뒤를 따라 들어가 웃시야에게 간했다. "여호와께 분향하는 일은 왕이 할 바가 아니요, 오직 분향하기 위하여 구별함을 받은 아론의 자손 제사장들이 할 바니 성소에서 나가소서. 왕이 범죄하였으니 하나님 여호와에게서 영광을 얻지

못하리이다."(대하 26:18)

그렇다. 하나님은 직분을 맡은 각 사람에게 사명을 주셨다. 왕은 나라와 백성을 다스리고, 제사장은 하나님께 제사 드리는 일로 섬기도록 했다. 이 규정을 어기는 것은 곧 하나님의 질서를 파괴하는 것이요, 하나님의 뜻에 불순종하는 것이다.

왕이기 때문에 모든 일을 자기 마음대로 할 수 있다고 생각한다면 그것은 교만이요, 월권이다. 그럼에도 웃시야는 자기가 분향하려 들었다. 그리고 이 일을 말리는 제사장 아사랴를 향하여 화를 냈다. 손으로 향로를 잡고 분향하려다가 분노했다. 그와 동시에 하나님의 진노가 나타났다. 왕의 이마에 나병이 생긴 것이다. 그는 성전에서 쫓겨났다. 더 이상 왕의 위치도 지킬 수 없게 되었다.

만약 일반 백성에게 나병이 들면 그는 집과 가족을 버리고 성 밖으로 쫓겨나는 게 율법의 규정이다. 그러나 왕이기 때문에 웃시야는 왕위를 아들 요담에게 양위하고 별궁에서 살았다. 왕이면 무엇이든지 마음대로 할 수 있다는 생각이 얼마나 잘못된 것인가를 하나님은 징계를 통하여 가르쳐 주신 것이다. 어리석은 사람이나 교만한 사람은 이렇듯 벌을 받아야만 깨닫는다. 그러나 그런 깨달음은 이미 늦은 것이다. 하나님의 엄위하심을 알고 늘 겸손해야 한다.

  웃시야는 나머지 생애를 별궁에서 살다 죽었다. 죽어서도 조상의 묘실에 들지 못하고 그 곁에 장사되는 수모를 당했다. 그렇다. 교만은 패망의 선봉이다(잠 16:18, 18:12). 선 줄로 생각하는 자는 넘어질까 조심해야 한다(고전 10:12). 성공했다는 소리를 듣기까지 얼마나 힘이 드는가. 그러나 그 성공을 유지하기는 더욱 어려운 법이다. 겸손해야 한다. 하나님의 뜻이라면 시종여일하게 순종할 수 있어야 한다. 하나님의 섭리와 능력 안에 있다는 사실을 잊어버리는 순간, 웃시야처럼 불행에 빠지게 된다.

## 시드기야 – **패역**

시드기야 왕은 B.C. 586년에
분열왕국 유다를 통째로
바벨론의 느부갓네살 왕에게 빼앗겼다.
한 나라의 명운이 그렇게 무너졌다.

# 7장

나라를
빼앗긴
시드기야

시드기야

 역사를 보면 존재한 모든 나라에 흥망성쇠가 있다. 신정국가라는 유다도 예외는 아니다. "사람이 각기 자기의 소견에 옳은 대로 행했던"(삿 21:25) 혼란과 방종의 사사시대를 마감하고 왕정시대가 열렸다. 백성들이 원했고, 하나님께서는 못마땅하셨지만 허락하셔서 초대 왕으로 베냐민 지파의 사울이 등극했다. 2대에 유다 지파의 다윗, 그리고 3대에 다윗의 아들 솔로몬이 왕위에 올랐다.

그런데 솔로몬 이후에 나라는 남북으로 갈라졌다. 남쪽은 유다라는 국호로 솔로몬의 아들인 르호보암이 유다 지

파와 베냐민 지파 중심의 왕으로 백성을 다스렸고, 북쪽은 솔로몬시대에 대신으로 섬기던 여로보암이 노여움을 사서 애굽으로 도망했지만 나라가 어수선한 틈을 타서 귀국하여 유다와 베냐민 지파 외의 열 개 지파를 모아 이스라엘이라는 국호로 나라를 세웠다.

여기서는 나라를 바벨론제국에 빼앗긴 남유다의 시드기야 왕에 대해서 알아보려고 한다. 그의 나라와 그의 최후가 얼마나 비참했는가를 성경에 기록된 대로 살펴보며 나아가자. 열왕기하 25장이다.

"시드기야 제구년 열째 달 십일에 바벨론의 왕 느부갓네살이 그의 모든 군대를 거느리고 예루살렘을 치러 올라와서 그 성에 대하여 진을 치고 주위에 토성을 쌓으매 그 성이 시드기야 왕 제십일년까지 포위되었더라. 그 해 넷째 달 구일에 성중에 기근이 심하여 그 땅 백성의 양식이 떨어졌더라. 그 성벽이 파괴되매 모든 군사가 밤중에 두 성벽 사이 왕의 동산 곁문 길로 도망하여 갈대아인들이 그 성읍을 에워쌌으므로 그가 아라바 길로 가더니 갈대아 군대가 그 왕을 뒤쫓아가서 여리고 평지에서 그를 따라잡으매 왕의 모든 군대가 그를 떠나 흩어진지라. 그들이 왕을 사로잡아 그를 립나에 있는 바벨론 왕에게로 끌고 가매 그들이 그를 심문하니라. 그들이 시드기야의 아들들을 그의 눈앞에서 죽이고 시드기야의 두 눈을 빼고 놋 사슬로 그를 결박하여 바벨론으로 끌고 갔더라."(왕하 25:1~7, 렘 52:1~11)

그 내용을 정리해 보면 다음과 같다.

(1) 바벨론의 느부갓네살은 시드기야 왕 9년 10월 10일에 예루살렘을 침략하여 토성을 쌓고, 시드기야 왕 11년까지 포위했다.

(2) 시드기야 왕 11년 4월 9일에 성중에 양식이 떨어져 성이 무너졌다. 결국 예루살렘 성은 바벨론에 포위된 후 18개월 동안 견디며 항거한 것이다. 막강한 군대를 맞아 1년 반 동안 항거한 것은 대단히 끈질긴 방어였지만, 한편으론 공격하는 편에게 미움을 받아서 더 많은 피해를 볼

수밖에 없었다. 이런 현상을 미리 예측하고 있었던 예레미야 선지자는 하나님의 뜻이므로 항복해야 한다고 선포했었다(렘 34:1-7). 그러나 거짓 선지자와 백성들의 정서는 하나님이 지켜주실 것을 믿고 끝까지 싸워 물리쳐야 한다는 쪽이었다. 결국 빨리 항복하지 않은 일로 인해 유다는 더 많은 피해를 입게 되었다.

(3) 성이 무너지자 도망친 시드기야 왕은 여리고 평지에서 적에게 사로잡혔다. 그들은 시드기야 왕을 립나에 있는 바벨론 왕에게 끌고 가 심문을 한 다음, 시드기야의 아들들을 그의 눈앞에서 죽이고 시드기야의 두 눈을 뺐다. 그리고 놋 사슬로 결박하여 바벨론으로 끌고 갔다. 한 나라의 왕은 이렇듯 비참한 대접을 받아야 했다.

(4) 그뿐인가. 바벨론 왕의 신복인 시위대장 느부사라단은 예루살렘에 이르러 성전과 왕궁을 불사르고 귀인의 집과 모든 집도 불살랐다(왕하 25:8-9).

(5) 예루살렘 주변의 성벽을 헐고 성중의 많은 사람을

포로로 잡아가고 비천한 자를 남겨 포도원을 다스리는 자와 농부가 되게 했다. 느부갓네살이 사로잡아간 백성은 1차 삼천이십삼 명, 2차 팔백삼십이 명, 3차 칠백사십오 명, 도합 사천육백 명이었다(왕하 25:10-12, 렘 52:28-30).

(6) 성전의 모든 기물, 기명을 약탈해갔다(왕하 25:13-17).

그렇다면 왜 유다는 망하고, 시드기야 왕은 나라를 바벨론에 빼앗겨 이런 치욕을 당해야 했는가. 그 이유를 알아보기 전에 남북 왕국의 말기 역사를 먼저 살펴보자.

북이스라엘은 B.C. 722년 제19대 호세아 왕 때에 앗수르 왕 살만에셀에게 멸망했는데, 왕국의 존재 기간은 253년이었다.

북이스라엘의 역사는 더욱 불행했다. 253년을 지나는 동안 9왕조, 19왕이 다스렸는데, 그 중에 자연사를 한 왕은 일곱 사람밖에 없었다. 그렇다면 나머지 열두 명의 왕은 어떻게 죽었는가. 한 명은 하나님의 징계로, 한 명은 다

락의 난간에서 떨어져, 두 명은 전쟁터에서 입은 부상으로, 한 명은 자살, 여섯 명은 암살당하고, 한 명은 포로로 잡혀가서 그 운명을 알 수 없다. 이러하니 한 나라 왕들의 최후 모습에서 그 나라의 역사가 얼마나 불행했는가를 미루어 생각할 수 있지 않겠는가.

왜 그랬을까. 북이스라엘은 시작부터 잘못된 나라이다. 여로보암의 반역으로부터 시작했다. 여로보암은 솔로몬 왕의 대신으로, 왕의 노여움을 사는 바람에 애굽으로 도피했다. 그는 솔로몬 왕의 사후, 사회가 어지러운 틈을 타 귀국하여 세겜에서 북이스라엘 열 지파와 반란을 주도했다. 여로보암은 백성들이 예루살렘 성전으로 제사 드리러 가는 것을 막기 위하여 단과 벧엘 두 곳에 금송아지를 만들어놓고 경배하도록 했다. 그는 거짓 종교로 이스라엘 전체로 하여금 범죄케 했던 것이다.

성경은 북이스라엘의 멸망 원인을 이렇게 말씀하기도 한다. "이는 그들이 하나님 여호와의 말씀을 듣지 아니하고 그의 언약과 여호와의 종 모세가 명령한 모든 것을 따

르지 아니하였음이더라."(왕하 18:12)

 그렇다면 남유다 왕국은 어떻게 되었는가. 북이스라엘이 반역으로 세운 나라라면 남유다는 그래도 정통 왕국이다. 북이스라엘은 19명의 왕 중에 하나님께 순종한 사람이 단 한 명도 없이 모두 악한 왕들이었지만, 남유다에는 여러 명의 선한 왕들이 있었다. 3대 아사 왕, 4대 여호사밧 왕, 11대 요담 왕, 13대 히스기야 왕, 16대 요시야 왕 같은 분들은 하나님의 말씀에 순종하고 우상을 타파하며 백성들을 평안하게 다스린 훌륭한 왕들이었다.

 여기서는 그 모든 왕들을 언급하지 않고 16대 요시야 왕 이후의 남유다 멸망의 역사만 살펴보겠다.

 남유다 제13대 히스기야 왕 당시 B.C. 722년에 북왕국 호세아 왕은 이미 앗수르 제국에 망했고, 남유다는 16대에 훌륭한 임금이 나타난다. 그가 바로 요시야 왕이다.

 요시야는 8세의 어린 나이에 왕위에 올라 31년 동안 통치했다.(B.C. 640-609) 그의 조부는 므낫세 왕이고 그의 부친은 아몬 왕으로 모두 우상을 숭배한 악한 왕이었다. 그런데 그 후손으로 태어난 요시야 왕은 훌륭했다. 그의 업적을 소개하면 다음과 같다.

첫째, 성경은 요시야 왕을 하나님 앞에 진실한 왕으로 평가하고 있다. "요시야가 여호와 보시기에 정직히 행하여 그의 조상 다윗의 모든 길로 행하고 좌우로 치우치지 아니하였더라."(왕하 22:2)

둘째, 요시야 왕은 우상 타파를 결행했다(대하 34:3-7). "아직도 어렸을 때 곧 왕위에 있은 지 팔 년에 그의 조상 다윗의 하나님을 비로소 찾고 제십이년에 유다와 예루살렘을 비로소 정결하게 하여 그 산당들과 아세라 목상들과 아로새긴 우상들과 부어 만든 우상들을 제거하여 버리매 무리가 왕 앞에서 바알의 제단들을 헐었으며 왕이 또 그 제단 위에 높이 달린 태양상들을 찍고 또 아세라 목상들과 아로새긴 우상들과 부어 만든 우상들을 빻아 가루를 만들어 제사하던 자들의 무덤에 뿌리고"(대하 34:3-4).

셋째, 성전을 수리했다(왕하 22:3-6). 요시야 왕은 즉위 18년에 퇴락한 성전을 수리했다(왕하 22:3-7). 수리하는 중에 대제사장 힐기야가 그동안 감추어져 있던 율법책을 발견하게 된다(왕하 22:8).

이 율법책을 받은 서기관 사반이 요시야 왕 앞에서 읽어드리니 요시야 왕이 곧 자기 옷을 찢으며 "우리 조상들이 이 책의 말씀을 듣지 아니하며 이 책에 우리를 위하여 기록된 모든 것을 행하지 아니하였으므로 여호와께서 우리에게 내리신 진노가 크도다." 하고 회개했다(왕하 22:11,13). 요시야 왕은 이어서 백성들을 모아놓고 율법책을 낭독하여 백성들이 하나님의 말씀에 순종하도록 언약을 세웠다(왕하 23:3). 그뿐 아니라 수백 년 동안 지켜오지 않았던 유월절을 성대하게 지켰다(왕하 23:21-23).

이렇게 훌륭했던 요시야 왕은 애굽 왕 느고와의 므깃도 전투에서 죽는다(대하 35:21-24). 당시 상황을 소개하면 북이스라엘을 멸망시킨 앗수르가 약화되면서 세력을 얻기 시작한 신흥 바벨론이 패권을 쥐기 위하여 앗수르를 공격하기 시작했다. 여기에 메대라는 나라가 바벨론에 합세하여 앗수르를 공격했다. 이것을 본 애굽이 멸망해가는 앗수르를 돕기 위하여 바벨론과 싸우러 나간다.

애굽은 신흥 바벨론이 세력을 확장하는 것을 불안해하여 그 힘을 저지하려 하였다. 이 애굽의 길을 막은 사람이 유다의 요시야다. 요시야는 반 앗수르적인 입장으로, 애굽이 앗수르를 돕는 것을 중간에 차단시키려 했다. 앗수르는 북이스라엘을 멸망시킨 나라이고, 요시야는 앗수르가 망해야 유다 독립에 유익하다고 판단했다.

그러나 현실은 녹록지 않았다. 앗수르를 도우러 나오는 애굽을 저지하기 위해 므깃도에서 그들과 조우한 요시야 왕은 그곳에서 전사했다. 훌륭한 왕의 죽음이 유다 백성들에게 얼마나 큰 슬픔을 가져다주었겠는가. 요시야 왕의 죽음은 유다 왕국을 급속도로 약화시키는 결과를 초래하게 된다.

이런 사건 앞에서 우리는 문득 하나님의 뜻에 대해 의

아한 표정을 지을 수도 있다. 왜 그렇게 훌륭한 왕이 전쟁에 나가서 전사를 해야만 하는가? 8세의 어린 나이에 왕위에 올라 즉위 12년에는 우상을 타파하고, 즉위 18년에는 성전을 수리하고 종교개혁까지 한 왕이 그렇듯 허무하게 목숨을 잃어야만 하는가? 과연 하나님이 계시다면 이럴 수 있겠느냐? 하는 의문들을 가질 수 있다.

그러나 하나님의 깊은 뜻을 이해한다면 충분히 위로를 받을 수 있을 것이다. 요시야 왕은 성전 수리 중 힐기야가 발견한 율법책을 낭독할 때 옷을 찢고 통곡했다. 이때 하나님께서 말씀하신 바가 있다. "내가 이곳과 그 주민을 가리켜 말한 것을 네가 듣고 마음이 연약하여 하나님 앞 곧 내 앞에서 겸손하여 옷을 찢고 통곡하였으므로 나도 네 말을 들었노라 여호와가 말하였느니라. 그러므로 내가 네게 너의 조상들에게 돌아가서 평안히 묘실로 들어가게 하리니 내가 이곳과 그 주민에게 내리는 모든 재앙을 네가 눈으로 보지 못하리라 하셨느니라."(대하 34:27-28)

그렇다면 생사를 주장하시는 하나님께서 충성스런 종

요시야 왕을 얼마나 배려하셨는가를 알 수 있다. 역사를 주관하시는 하나님께서 이미 범죄한 유다를 멸망시킬 계획을 가지고 있었는데, 그 참혹상을 보여주지 않기 위하여 요시야를 일찍 데려간다는 것이다. 오래 사는 것, 즉 장수는 물론 축복이다. 그러나 비참한 상황을 보지 않도록 하기 위하여 조금 일찍 데려가는 것은 하나님께서 주신 더 큰 배려요, 축복일 것이다.

이제부터 요시야 왕이 죽은 뒤에 유다왕국은 어떻게 되었는지 살펴보자. 요시야에게는 세 아들이 있었다. 첫째가 엘리야김, 둘째가 여호아하스, 셋째 아들이 맛다니야다. 그런데 백성들은 요시야 왕이 전사하자 둘째인 여호아하스를 왕으로 세웠다. 아마 백성들은 장자가 둘째 아들만 못하다고 생각한 것 같다.

여호아하스는 23세에 제17대 왕이 되었다. 그러나 그는 재위 3개월 만에 애굽의 느고 왕으로부터 폐위를 당하고 결국 애굽에 포로로 잡혀가 그곳에서 죽었다. 애굽 왕 느고는 여호아하스 후임으로 요시야의 장자인 엘리야김

을 왕으로 세우고 그의 이름을 여호야김으로 개명해 부르
도록 했다. 여호야김은 유다의 제18대 왕이 되었고, 당시
그의 나이는 25세였다.

　요시야의 장자인 엘리야김은 애굽의 비호 아래 왕이 되
고 이름을 여호야김으로 바꾸었다. 그는 애굽에 조공을
바쳐야 했기 때문에 백성들에게 많은 것을 늑징해야 했고
그럼에도 불구하고 사치한 마음으로 많은 재물과 백성들
의 노력을 동원하여 큰 궁전을 지었다. 게다가 영적으로
도 잘못되어 예레미야서를 불태우는 만행을 저질렀다.

　이런 부족을 알기 때문에 백성들은 첫째를 두고 둘째를
왕으로 세웠을 것 같다. 하지만 당시 패전한 유다의 통치
권을 가진 애굽으로서는 똑똑한 둘째 여호아하스보다는
만만한 장남 엘리야김이 다루기 쉬울 것 같아서 둘째 여
호아하스를 폐위시키고 엘리야김을 여호야김으로 개명하
여 왕으로 세운 것이다.

　이런 상황에 바벨론에서는 강력한 느부갓네살이 왕위

에 올랐고, 그는 군대를 이끌고 갈그미스로 향한다. 그리고 그곳에서 앗수르와 애굽의 동맹군에 맞서 패권을 다투는 전쟁을 벌인다. 이 전쟁에서 바벨론은 앗수르와 애굽의 연합군을 격파했다.

전쟁에서 승리한 바벨론은 명실공히 패권국가가 되었다. 전쟁에 패한 앗수르는 지구상에서 자취를 감추었고, 고래로 막강함을 자랑했던 애굽은 전쟁에서 패한 이후 위축되어 오늘날까지 나일강 밖으로 나오지 못하는 힘없는 나라가 되었다. 그러므로 이 갈그미스 전쟁은 역사를 바꾸어놓은 전쟁이요, 역사상 가장 치열한 전쟁 중의 하나라 아니할 수 없다.

그렇다면 약소국이 된 유다의 운명은 어떻게 되었는가. 제18대 여호야김 왕은 애굽의 느고 왕에 의해 왕이 되었는데, 그 애굽이 바벨론에게 패하여 힘을 잃었으니 어떻게 되었겠는가. 약소국가의 비극은 주변의 강대국에 의해서 좌지우지될 수밖에 없다. 주인이 바뀌어 유다는 바벨론을 섬겨야 했다. 그 기간이 3년이었다.

그 후 애굽이 전열을 가다듬고 있으므로, 바벨론은 애굽을 치기 위해 애굽 국경까지 갔지만 성공하지 못하는, 승자도 패자도 없는 전쟁을 치르고 만다. 이때를 틈타 여호야김 왕은바벨론의 느부갓네살을 배반한다. 그는 생각하기를 유사시에는 자기를 왕으로 세웠던 애굽이 도와줄 것이라 믿은 것이다. 이렇듯 국제정치 감각이 없는 여호야김 왕에게 선지자 예레미야는 애굽과 손을 잡지 말고 바벨론과 가까이해야 유다가 생존한다고 권고했으나 여호야김은 듣지 않았다.

유다의 배반에 노한 바벨론의 느부갓네살은 갈대아, 아람, 모압과 암몬 자손의 부대를 이끌고 유다로 진격해 왔다. 여호야김은 저항했지만 끝내 패하여 사로잡혔다. 그는 포로가 되어 쇠사슬에 묶인 채 바벨론으로 끌려갔다. 이때 바벨론은 유다의 성전의 기구와 그릇을 약탈해 갔으며, 왕족과 귀족 그리고 귀족 출신의 지혜로운 소년들도 붙잡아갔다. 그 포로 중에는 다니엘도 포함되어 있었다. 후에 바벨론의 느부갓네살은 여호야김을 유다로 돌려보냈지만 그는 재위 11년 만에 죽었다.

그 뒤를 이어 여호야김의 아들 여호야긴이 8세의 어린 나이에 19대 유다 왕으로 등극하게 된다. 그렇다면 그를 보필하는 사람들이 여호와 신앙으로 잘 이끌어야 하는데 그렇지 못했다. 왕족과 신하들은 전왕인 여호야김을 따라 여호와가 보시기에 악을 행하도록 방치했고, 여전히 바벨론을 적대시하며 애굽에 조공을 바쳤다. 이런 행위는 바벨론을 자극했고, 느부갓네살 왕은 여호야긴이 왕위에 오른 지 불과 3개월 만에 유다를 침공했다. 유다는 이번에도 전투 한번 변변히 치르지 못하고 패하였으며, 왕과 왕의 어머니, 신하, 내시, 지도자, 용사, 장인, 대장장이들이 잡혀갔다. 이 대열에 에스겔도 끼어 있었다.

　바벨론은 여호야긴의 숙부이며 요시야 왕의 셋째 아들인 맛다니아를 유다 왕으로 세웠다. 맛다니아는 당시 21세였고, 바벨론 왕은 그의 이름을 시드기야로 바꾸어 부르도록 했다. 이 사람이 유다의 제20대 왕으로, 유다의 마지막 왕이다.

　그러나 유다 백성들은 시드기야가 바벨론 왕이 세운 왕

이라 하여 왕으로 인정하지 않았고, 바벨론에 포로로 잡혀간 여호야긴을 그리워했다. 국력이 쇠퇴한 데다 바벨론의 관원들과 백성들의 압력으로 인해 시드기야는 불안한 통치를 해야 했다. 유다 백성들은 바벨론을 원망하며 조세를 거부하고, 주변 군소 국가들과 동맹하여 바벨론을 배신하며 애굽 쪽으로 돌아섰다. 이것이 결정적으로 유다의 패망을 가져온 원인이 되었다. 시드기야 왕 9년, 느부갓네살은 대군을 이끌고 와서 예루살렘을 유린했다.

당시 시드기야 왕이 바벨론을 배신할 수밖에 없었던 몇 가지 이유가 있다. 그 하나는 에돔, 모압, 암몬, 베니게의 여러 나라들이 반바벨론 동맹을 맺고 유다가 합세하기를 원했던 것이다. 그 다음으로는 반바벨론, 친애굽에 속한 백성들이 많아 그들이 반바벨론을 강요했던 것이다. 또한 거짓 선지자들은 곧 바벨론이 멸망할 것을 예언하며 시드기야의 정세 판단을 흐리게 했다.

예루살렘을 침공한 막강한 느부갓네살 군대는 완강하게 버티는 유다를 상대로 햇수로 3년, 정확히 1년 6개월 동안 예루살렘을 포위함으로써 성중에 식량이 고갈되어 더 이상 버틸 수 없게 만들었다. 그리하여 남유다 왕국은 남북 분열 이후 20대 시드기야 왕 때 멸망했다. 그 해가 B.C. 586년이었다.

앞의 내용의 반복이지만 시드기야 왕은 바벨론 군의 포로가 되어 눈앞에서 자신의 자식들이 처형되는 것을 보아야 했고, 그 후에 자신은 눈 빼임을 당하고 놋 사슬에 묶여 끌려갔다. 또한 그와 함께 많은 백성들이 잡혀갔고, 수많은 사람들이 죽임을 당했다. 살아남은 자 중 더러는 바벨론의 보복이 무서워 애굽으로 피난을 갔다. 남겨진 사람들은 당시 신분으로 비천한 사람들이었고, 감히 독립을 꿈꿀 수 있는 사람들은 없었다.

유다는 왜 망했는가. 하나님이 다스리는 신정국가가 왜 할례도 받지 않은 족속들이라고 비웃었던 이방민족에게 부끄러움을 당했을까. 시드기야 당시에 유다왕국이 망했지만, 그 책임이 시드기야에게만 있는 것은 아니다. 그 이유를 분석해 보면 다음과 같다.

첫째, 선대의 왕들과 백성들이 하나님의 명령과 규례를 어기고 우상을 숭배하며 하나님을 바르게 섬기지 못했다. 하나님은 선민이라 해서 무조건 보호하고 복 주시는 분이 아니다. 율법은 하나님 외에 다른 신, 즉 우상을 섬기면 반드시 비참한 말로가 있을 것을 경고하고 있다.

둘째, 거짓선지자의 말을 예레미야와 같은 진실한 선지자의 말보다 더 신임했다. 영적 분별력이 없었던 탓이요, 책망하는 말보다 달콤한 말에 귀를 기울였기 때문이다.

셋째, 허황한 사치, 과도한 재정 낭비가 있었다.

넷째, 도덕적 해이 현상이 심했다.

다섯째, 지도자의 지도력이 부족했다. 특히 말년에는 힘이 없어서이기도 했지만 주권 없이 애굽과 앗수르 또는 바벨론 등에 의해서 모든 것이 좌우되었고, 때로는 하나님보다 그들의 힘을 더 의지하였다. 결국 하나님은 이스라엘 민족에 진노하셨고, 어떤 경우에도 하나님만 의지해야 산다는 교훈을 주신 것이다.

그 결과 바벨론으로 많은 백성들이 잡혀갔다. 그곳이 어디인가. 아브라함이 하나님의 명령을 받고 떠나왔던 곳이다. 1,500여 년이 지난 뒤 그 후손들이 자유민이 아닌 포로가 돼서 다시 그곳으로 끌려갔고, 소수지만 일부는 애굽으로 피신했다. 그곳은 또 어디인가. 430년 동안 노예생활을 하다가 모세의 지도 아래 자유를 얻어 출애굽했던 곳이다. 그런데 그런 곳을 다시 찾아가는 꼴이 된 것이다.

얼마나 부끄럽고 비참한 역사인가. 나라를 잃은 이런 비참한 역사는 하나님의 말씀에 순종한다면 절대로 있을 수 없는 일이다. 시인은 이렇게 노래했다. "무릇 주를 멀리하는 자는 망하리니 음녀같이 주를 떠난 자를 주께서 다 멸하셨나이다. 하나님께 가까이함이 내게 복이라. 내가 주 여호와를 나의 피난처로 삼아 주의 모든 행적을 전파하리이다."(시 73:27-28)

## 가롯 유다 - **배신**

가롯 유다는 예수님의 열두 제자 중 하나라는
영예를 얻었지만 스승을 은 30에 팔았다.
그는 후에 자책하고 목을 매 자살함으로
배신자의 말로가 어떻다는 것을 보여주었다.

# 8장

# 사도직을
## 버린
# 가룟 유다

가룟 유다 人

태어난 사람은 모두 죽기 마련이다. 그러나 어떻게 죽느냐는 사람마다 사뭇 다르다. 베드로는 타살됐다. 신앙 때문에 십자가에 못 박혀 죽었다. 그는 십자가 형틀에 못 박히기 전, 내가 감히 흠모하는 예수님처럼 죽을 수 없으니 십자가에 거꾸로 못 박아 달라고 소원하여 십자가를 거꾸로 지고 죽었다는 얘기가 전해지고 있다. 그는 순교했다.

가룟인 유다는 자살했다. 은 30에 예수님을 팔고, 스스로 뉘우쳐 그 은 30을 대제사장들과 장로들에게 도로 갖다 주며 내가 무죄한 피를 팔고 죄를 범하였다고 고백했다. 이를 듣고 저들은 그것이 우리에게 무슨 상관이냐, 네가 당하라고 냉담한 반응을 보였다. 결국 유다는 은을 성소에 던져 넣고 물러가서 스스로 목매어 죽었다(마 27:3-5).

사람은 살아가는 동안 어떤 계기에 따라 삶의 방향이 바뀔 수 있다. 바울은 처음에 교회를 박해하는 사람이었다. 율법주의자로서 자신의 행위가 정당하다고 믿었기 때문에 예수 믿어 구원받는다는 사람들의 주장을 옳지 않다고 생각했다.

그는 옳지 않은 주장을 펴는 사람들은 독버섯 같은 이단아들이고 그렇다면 뿌리째 뽑아내야 한다고 했다. 그것이 하나님을 바르게 섬기는 신앙의 길이라고 믿었으므로 그는 열심히 성도들을 박해했고 무차별적으로 교회를 잔해했다. 그 열심이 다메섹에 원정까지 가서 성도들을 색출하려는 데까지 이르렀다.

그러나 바울은 그날 정오에 다메섹 도상에서 부활하신

주님을 만나는 신비를 체험하였고, 이후 예수를 전하는 사람으로 변신했다. 바울은 당시 전무후무한 선교 사역자가 되어 복음을 전하다가 체포되어 로마에서 목 베임을 당했다. 순교였다.

가룟 유다는 시작이 좋았다. 운 좋게(?) 예수님의 제자로 발탁되었다. 주님이 산에 올라 밤이 새도록 기도하고 밝으매 열둘을 택하여 사도라 칭하셨는데, 그 중에 든 것이다. 가룟 유다는 3년 동안 예수님을 따라다니며, 예수께서 하늘나라를 선포하고 진리를 가르치며 치유와 은총을 베푸시는 모든 것을 보고 들으며 훈련을 받았다.

그러나 가룟 유다의 최후는 비참하였다. 성경은 그가 불의의 삶으로 밭을 사고 후에 곤두박질하여 배가 터져 창자가 다 흘러나왔다고 했다(행 1:18).

나는 개인적으로 가룟 유다에 대하여 연민의 정을 가지고 있다. 그는 스승을 팔아버린 후, 양심의 가책을 받아 괴로워했다. 그리고 결국 스스로 목숨을 끊었다. 자살할 용기(?)가 있었다면 왜 회개할 용기는 없었는가.

우리 모두는 죄인이다. 아담의 후손은 모두 원죄를 가지고 태어난다. 죄를 지어서 죄인이라기보다는, 죄인이기 때문에 죄를 짓고 산다. 그리고 그 죄 때문에 모두 죽어야 한다. 이런 비참한 인생들에게 죽어도 사는 길을 마련해 주시기 위하여 예수께서 오셨다. 창조주 하나님이 사람으로 오셔서 우리가 죽을 죄를 대신 짊어지고 돌아가셨다. 그 공로로 우리는 구원을 받았다.

그러나 예수님은 우리를 대신해서 죽을 수 있는 큰 사랑을 가지고 있지만, 예수님의 사랑을 믿지 않거나 죄를 회개하지 않는 사람까지 용서하고 구원하지는 않는다. 그렇다면 그런 예수님의 무한한 사랑을 가장 가까이에서 보고 듣고 체험하였던 제자라는 사람이 왜 정작 자신의 잘못을 회개하지 않았을까.

예수님은 제자들을 사랑하시되 끝까지 사랑하셨다(요 13:1). 주님은 무슨 잘못이든 뉘우치고 회개하는 모든 사람들을 용서하셨다. 베드로는 평시에, 나는 주님이 가시는 곳이라면 옥에도 가고 죽는 데까지라도 가겠다고 호언장담을 했지만 체포된 주님이 가야바의 법정에서 심문을 받을 때 여종 앞에서 나는 예수를 모른다고 세 번이나 부인했다. 얼마나 위험을 느끼고 다급했으면 맹세하고 저주까지 하면서 예수님을 모른다고 부인했을까(마 26:74). 그런 베드로의 죄도 주님은 용서하시고 끝까지 사도직을 감당할 수 있도록 기회를 허락하셨다.

그런데 왜 유다는 그러한 기회를 놓쳐 버렸을까. 그는 자신의 죄를 스스로 책임지려 했을 것이다. 그리고 어쩌면 자기 죄를 자기가 해결하는 것이 옳다고 생각했는지 모른다. 아니면 해결 방법이 없다고 생각하며 좌절했을 것이다. 이런 갈등이 결국 자기 목숨을 스스로 끊게 했을 것이다.

그러나 자기 죄를 자기가 해결할 수는 없다. 그렇다고 해결할 수 있는 방법이 없는 것도 아니다. 자기가 자기 죄를 해결할 수 있다면 구태여 하나님께서 성육신할 필요가 없다. 사람이 스스로 자기 죄를 해결할 수 없기 때문에 주님이 오셨고, 그것은 우리가 스스로 죄를 해결할 수 없다며 좌절할 필요가 없다는 이유가 된다.

주님은 사람이 죽어도 살고 무릇 살아서 주님을 믿는 자는 영원히 죽지 않는 길을 가르쳐주시려 오셨고(요 11:25-26), 그 방법이 인류의 죄를 당신이 대신 지고 죽는 것이었다. 이 사실을 말씀 그대로 믿는 것이 구원이요, 영생이다.

그럼에도 가룟 유다는 스스로 목숨을 끊음으로 자기의 인생을 책임질 수도 없었을 뿐 아니라 세상에 부끄러움을 남겼다. 그렇다면 그는 어떻게 인류의 구주가 되시며 자신의 선생님이신 예수를 은 30이라는 싸구려 가격으로(출 21:32) 팔아먹는 배은망덕의 행위를 할 수 있었을까. 세 가지 이유를 들 수 있을 것 같다.

첫째는 예수님에 대한 기대가 무너지면서 실망했기 때문일 것이다. 당시 사회는 누군가가 나와서 로마 세력을 몰아내 주었으면 하는 분위기였다. 그래서 자주독립 국가를 꿈꾸었는데 서민층에서 많은 이적을 보이며 선지자적 언행으로 존경을 받는 예수가 적격이라는 기대가 있었다. 이 기대는 비단 백성들뿐 아니라 예수님의 제자들에게도 있었다.

어느 날 예수께서 제자들과 함께 예루살렘으로 올라가실 때, 야고보와 요한의 어머니가 나서며 그 나라가 이루어질 때 당신의 아들들을 하나는 주님의 좌편에 또 하나는 우편에 앉게 해 달라고 청원을 했다. 이에 다른 제자들은 분노했다.

왜 그랬을까. 제자들은 예수님이 이번에 예루살렘에 올라가면 로마 세력을 축출하고 이스라엘을 회복할 것이라는 은근한 기대를 가지고 있었다. 그리고 그렇게 되면 자기가 제일 좋은 자리에 앉고 싶다는 욕심을 모두들 갖고 있었기 때문이다. 그러나 예수님은 저들의 기대를 충족시켜 주지 않았다. 주님은 세상의 왕으로 오지 않았기 때문이다.

오늘날에도 이런 개인적인 기대를 갖고 신앙생활을 하는 사람들이 적지 않다. 그들은 기도를 한다. 소원을 가지고 꼭 이루어주실 것을 믿는다. 믿고 기대하는 것까진 자신의 믿음에 따라 있을 수 있는 일이다. 그러나 자신의 신념대로 이루어지지 않으면 실망하고 시험에 든다면 문제가 있다.

　하나님이 내 뜻이라면 모두 들어주셔야 하는가? 그렇지 않다. 내 뜻에 잘못이 있다면 공의로우신 하나님은 들어주지 않으셔야 한다. 우리는 엄격히 말해서 내 뜻을 모두 안 들어주시는 하나님이기에 하나님을 믿는 것이다.

　하나님은 내 소원이라면 무엇이든지 다 들어주시는 우리의 종이 아니다. 우리는 주권적으로 역사하시는 하나님을 신뢰하며 순종해야 한다. 하나님의 뜻을 구하고 자원하여 하나님의 종이 되어 복종해야 한다. 그게 참다운 성도요, 주님의 제자다.

　그런데 가룟 유다는 자기의 뜻대로 되지 않을 때 실망

했다. 예수님을 통하여 얻고자 하는 세속적인 기대가 컸기에 실망감도 컸을 것이다. 그럴 바에야 돈이라도 받고 팔아넘기는 것이 이득을 챙기는 일이라고 생각했을 것이다.

둘째, 가룟 유다의 타락은 그의 탐심과 무관하지 않다. 가룟 유다는 유능한 사람이었을 것이다. 특별히 그는 계산 능력을 인정받아 예수님 일행의 돈궤를 맡은 사람이었다(요13:29). 그 점은 그가 예수님으로부터 신임을 받을 수 있는 조건이 될 수 있었을 것이다. 그러나 그 계산에 능하다는 조건 때문에 돈을 만지게 되었고 어느덧 탐욕적인 사람이 되었을 수 있다. 그렇다면 그는 돈 때문에 망한 사람이다.

우리가 항상 조심해야 하는 것은 내가 가지고 있는 자랑거리다. 돈 좋아하는 사람이 돈으로 망하기 쉽고, 꾀 많은 사람이 자기 꾀에 넘어지는 경우가 허다하다. 예수님은 칼을 쓰는 자는 칼로 망한다고 했다. 권력자가 권력으로 망신당하는 경우를 우리는 주변에서 흔하게 본다.

가룟 유다가 예수님을 판 것은, 돈에 대한 애착이 결국 그를 그렇게 만들었다고 할 수 있다. 그가 얼마나 돈에 애착이 많았는가 하는 것을 극명하게 보여주는 말씀이 있다 (요 12:1-8).

유월절 엿새 전에 베다니 마을 나사로의 집에서 잔치를 할 때였다. 마리아가 지극히 비싼 향유 한 근을 가져다가 예수님의 발에 붓고 자기 머리털로 그 발을 닦았다. 이 광경을 보고 있던 유다가 "이 향유를 어찌하여 삼백 데나리온에 팔아 가난한 자들에게 주지 아니하였느냐."라고 책망했다.

가룟 유다는 이재에 밝은 사람이었다. 순전한 나드 한 근이 삼백 데나리온의 가치가 있다는 것을 알고 있었다. 당시 한 데나리온은 장년의 하루 품삯에 해당하는 금액이다. 그렇다면 삼백 데나리온의 가치는 적지 않다. 그는 그 비싼 향유를 예수님의 발에 부은 것을 허비라고 생각했다. 그리고 자신은 가난한 사람을 생각할 수 있는 자애로운 사람으로 포장했다.

그러나 그 후에 나오는 말씀이 가룟 유다가 얼마나 위선적인 사람인가를 폭로하고 있다. 즉 "이렇게 말함은 가난한 자들을 생각함이 아니요, 그는 도둑이라 돈궤를 맡고 거기 넣는 것을 훔쳐감이러라."라고 했다. 속에는 도둑이 들어 있으면서 겉으로는 선한 위선자인 척한 것이다. 탐욕은 인간을 망하게 만든다.

성경은 "욕심이 잉태한즉 죄를 낳고 죄가 장성한즉 사망을 낳는다."고 했다(약 1:15). "부<ruby>富</ruby>하려 하는 자들은 시험과 올무와 여러 가지 어리석고 해로운 욕심에 떨어지나니 곧 사람으로 파멸과 멸망에 빠지게 하는 것이라. 돈을 사랑함이 일만 악의 뿌리가 되나니 이것을 탐내는 자들은 미혹을 받아 믿음에서 떠나 많은 근심으로써 자기를 찔렀도다."라고 했다(딤전 6:9-10).

결국 가룟 유다가 예수님을 배신한 것은 그 안에 있는 탐욕 때문이었다. 예수님에 대한 기대가 무너져 버렸을 때 예수님은 그에게 단지 돈을 벌 수 있는 수단으로 보일 뿐이었다. 그는 돈을 받고 선생님을 팔았다.

셋째로, 가롯 유다가 범죄한 궁극적인 원인은 사탄에게 있다. 성경은 여러 곳에서 가롯 유다의 배신에는 그 배후에 마귀의 역사가 있었음을 분명히 밝히고 있다.

"마귀가 벌써 시몬의 아들 가롯 유다의 마음에 예수를 팔려는 생각을 넣었더라."(요 13:2) "예수께서 대답하시되 내가 떡 한 조각을 적셔다 주는 자가 그니라, 하시고 곧 한 조각을 적셔서 가롯 시몬의 아들 유다에게 주시니 조각을 받은 후 곧 사탄이 그 속에 들어간지라. 이에 예수께서 유다에게 이르시되 네가 하는 일을 속히 하라 하시니."(요 13:26-27)

"열둘 중의 하나인 가롯인이라 부르는 유다에게 사탄이 들어가니 이에 유다가 대제사장들과 성전 경비대장들에게 가서 예수를 넘겨줄 방도를 의논하매 그들이 기뻐하여 돈을 주기로 언약하는지라. 유다가 허락하고 예수를 무리가 없을 때에 넘겨줄 기회를 찾더라."(눅 22:3-6)

이로써 결국 가롯 유다가 예수님을 판 배후에는 사탄의

역사가 있었음을 알게 한다. 사탄은 하나님께서 택한 백성까지도 넘어트리려고 유혹한다. 그렇기 때문에 말씀에 굳게 서 흔들리지 말고 믿음과 경건의 생활을 철저히 해야 한다.

사탄은 항상 감사하고 긍정적이고 주님께 기도하고 헌신하는 경건한 사람에게 범접하지 못한다. 불평불만하고 시기하고 질투하고 증오하고 탐욕을 부리고 근심하고 염려하는 등 부정적인 사람만을 찾는다. 사탄은 그들에게 찾아와 그 영혼을 황폐화시키려 든다.

만약 어떤 사람이 몹시 실망하여 좌절하고 있다면 사탄은 자살이라도 하라고 부추길 것이다. 그러면 자살도 할 수 있고 어떤 악한 일도 할 수 있다. 그래서 성경은 "모든 지킬 만한 것 중에 더욱 네 마음을 지키라. 생명의 근원이 이에서 남이니라."라고 했다(잠 4:23).

유다는 예수님에 대한 실망감과 탐욕 때문에 사탄을 심령 속에 불러들인 것이다. 그리고 사탄에 의해서 영안이

감겨 판단력이 흐려졌다. 그는 예수님을 은 삼십에 팔고, 오고 오는 모든 시대에서 배신자라는 치욕적인 이름을 얻게 되었다.

예수님은 그를 평가하기를 "인자는 자기에 대하여 기록된 대로 가거니와 인자를 파는 그 사람에게는 화가 있으리로다. 그 사람은 차라리 태어나지 아니하였더라면 제게 좋을 뻔하였느니라."라고 했다(마 26:24).

이렇게 해서 예수님이 택한 열두 사도 중 하나가 이탈했다. 그러면 어떻게 되는가. 성경을 보면 다른 한 사람을 택하여 열둘을 다시 채운다. 필요한 사람을 필요에 의해서 채워야 한다는 뜻이 아닌가.

우리는 하나님의 필요에 의해서 직분과 사명을 맡은 사람들이다. 사명과 직분을 소중하게 여기자. 내가 이탈하면 다른 사람이 들어올 것이다. 그러면 나는 부끄러운 사람이 되고, 새로 들어오는 사람은 영광을 얻을 것이다. 어찌그 영광을 가볍게 여길 것인가.

가룟 유다 대신에 새로 열두 사도에 가입한 사람은 맛디아이다. 사도행전에 나오는 기사를 보면 맛디아는 요한의 세례로부터 예수님이 오셔서 사역을 하시고 끝내 십자가에 달려 돌아가셨다가 부활 승천하실 때까지 사도들과 함께 출입하고 함께 다닌 사람이었다. 다른 사람은 사도의 직분을 받고 예수님을 따랐지만 맛디아는 아무 직분도 없이 무명으로 따라다녔다. 그러므로 비록 사도의 직분은 받지 못했어도 예수님의 행적과 교훈을 보고 들었을 것이다. 그 자격으로 그는 예수님의 죽음과 부활을 힘 있게 전할 수 있었을 것이고 봉사와 사도의 직무를 대신할 수 있었을 것이다(행 1:21-26).